金诚同达30周年——创始合伙人寄语

乘风奋楫，笃志超越！

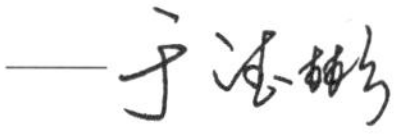

1992年邓小平南方谈话开启了“春天的故事”，那年我们创办律所。30年，须臾之间，我们也将成为律所发展史中的过客。然而，留下的“金诚同达”（JT&N）律所名称、制度、文化，将伴随律所“做久、做强、做大、做出品牌”，直到永远……

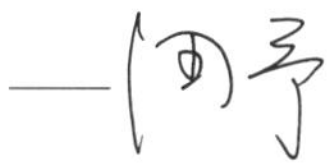

我一直坚信，人有双手，可取亦可予。从孤独前行到浩浩荡荡，从筚路蓝缕到广大海内，30载朝乾夕惕，半甲子参赞化育，成就了今天的金诚同达。我们在这里奋斗、奉献，也在这里收获、成长。愿以我们这30年的梯山航海，化作一代代金诚同达人英特迈往的灯火航标。最后我想对金诚同达说：浮世三千，吾爱有三，日月与卿，日为朝，月为暮，卿为朝朝暮暮……

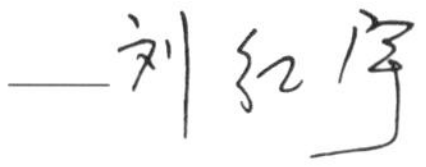

祝贺文集出版！感谢改革开放，给了法律人凭心做事、实现自我并且服务社会的机会。30年，很开心与各位金诚同达人相伴同行。祝福金诚同达！

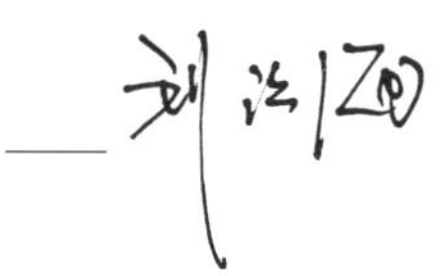

祝贺金诚同达30年！百尺竿头更进一步！

11位创始合伙人30年不离不弃的坚守，铸就了金诚同达今日的辉煌，也成就了律师业界一段传奇佳话。感恩30年风雨同舟的同仁，感恩改革开放的伟大时代，

感恩30年一路同行、共同成长的“衣食父母”！祝愿金诚同达明天会更好！

——

30年前，11位创始合伙人中的大部分人是大学老师；在邓小平南方谈话精神的鼓舞下，大家认为法律的更大价值在于实施，中国未来不缺大学教授，缺的是优秀律师，从而投身于律师行业。30年来，身为法律人，我们一只手擎着客户的信任委托，为维护客户权益和增进客户利益殚精竭虑，另一只手托着宪法法律，为法治中国建设不遗余力。未来日子里，希望金诚同达人仍然保持谦逊谨慎、不骄不躁的优良传统，尊崇“进取、合作、诚信、包容、创新”的核心价值观，永远有担当，永远去争先，永远都靠谱！

——

30年前，我们顺应时代召唤，放弃“铁饭碗”投身律师行业，以钻木取火之心寻安身立命之处。30年弹指一挥间，得益于众同仁拾柴添薪，得益于志同道合，当年的星星之火已呈燎原之势。希冀30年后，金诚同达能成为更多法律人愿意“以身相许”，共同砥砺前行的一座永不熄灭的灯塔。

——

30年恍如瞬间，但它是我们最好的青春创业的30年。有赖于不离不弃的11位创始合伙人和诸位同仁戮力工作，金诚同达持续发展壮大；看到年轻同仁的专业著述、重大案例不断涌现，倍感欣慰。祝愿金诚同达行稳致远！

——

三十年过往，如歌，未忘……

卅年后启程，既往，奋扬！

——梁明

JT&N is not only 30 years old, we are also 30 years stronger, better!

We will be even better and stronger in the next 30 years! ——Lan Lan

JT&N 金诚同达

金诚同达30周年文集

国际贸易法律实务经验与业务指引

——金诚同达国际贸易法律服务案例集

金诚同达国际贸易团队◎编

INTERNATIONAL TRADE LAW PRACTICE EXPERIENCE AND BUSINESS GUIDELINES

法律出版社 LAW PRESS · CHINA | 北京

图书在版编目(CIP)数据

国际贸易法律实务经验与业务指引：金诚同达国际贸易法律服务案例集 / 金诚同达国际贸易团队编. -- 北京：法律出版社，2024

ISBN 978-7-5197-8784-4

Ⅰ. ①国… Ⅱ. ①金… Ⅲ. ①国际贸易－贸易法－案例－汇编 Ⅳ. ①D996.1

中国国家版本馆CIP数据核字(2024)第026305号

国际贸易法律实务经验与业务指引：金诚同达国际贸易法律服务案例集

GUOJI MAOYI FALÜ SHIWU JINGYAN YU YEWU ZHIYIN：JINCHENG TONGDA GUOJI MAOYI FALÜ FUWU ANLIJI

金诚同达国际贸易团队 编

策划编辑 周 洁 林 蕊
责任编辑 周 洁 林 蕊
装帧设计 汪奇峰

出版发行 法律出版社
编辑统筹 司法实务出版分社
责任校对 王语童
责任印制 胡晓雅
经 销 新华书店

开本 710毫米×1000毫米 1/16
印张 12.25 字数 177千
版本 2024年5月第1版
印次 2024年5月第1次印刷
印刷 三河市龙大印装有限公司

地址：北京市丰台区莲花池西里7号(100073)
网址：www.lawpress.com.cn
投稿邮箱：info@lawpress.com.cn
举报盗版邮箱：jbwq@lawpress.com.cn

销售电话：010-83938349
客服电话：010-83938350
咨询电话：010-63939796

书号：ISBN 978-7-5197-8784-4
定价：58.00元

凡购买本社图书，如有印装错误，我社负责退换。电话：010-83938349

本书编委会

主　　编 符　欣

副主编 李　林　李　悦

执行主编 卢　硕　张　然

编写成员（按章节顺序）

易　旸　彭　勇　张云燕　沙海涛　李　林

师晓燕　余华良　符　欣　徐　铮　李　悦

李　岚　孙　蕊

1992-2022
JT&N 30th ANNIVERSARY

本书编写成员介绍（按章节顺序）

易旸，北京金诚同达律师事务所高级合伙人，执业于大连办公室，兼任广东省法学会航运法学研究会常务理事、广州市法学会航运法学研究会会员、广州市航运法学研究会会员。易旸律师代理了大量海运和国际货物买卖案件，处理过多起境内外仲裁案件，在仲裁裁决的跨国执行方面也有丰富的经验，并多次成功代表客户在境内外执行国际仲裁裁决。

彭勇，北京金诚同达律师事务所高级合伙人，执业于北京办公室。彭勇律师于2000年至2017年期间在海关总署缉私局业务部门工作，曾任海关总署公职律师。彭勇律师长期从事海关行政争议解决、走私刑事案件法律服务、国际贸易风险防范与争议解决、海关合规与风险防范以及清关咨询及流程设计等业务，并获得以下荣誉：2021-2024年度钱伯斯全球和大中华区（前亚太区）国际贸易：海关、出口管制和经济制裁领先律师（Band2）。曾代理和指导办理大量单位和个人走私犯罪辩护和企业合规案件。

张云燕，北京金诚同达律师事务所高级合伙人、管理合伙人，执业于上海办公室，兼任上海市律师协会外事委员会副主任、上海市律师协会一带一路业务研究委员会副主任、上海区块链科技协会副会长、最高人民检察院民事行政案件咨询专家，同时也是香港国际仲裁中心、上海国际仲裁中心、北外滩多元商事调解中心等十余家机构的仲裁员和专业调解员。张云燕律师在商事争议解决、投资并购和资本市场这三个领域拥有丰富的执业经验，同时在数字资产、AIGC和Web3.0投资和合规领域有着扎实的理论和实践经验。拥有高级律师职称、企业高级合规师、高级数字经济工程师等专业技能资格，成功代理了千余件国内外诉讼、商事仲裁及国际贸易涉外仲裁案件，其中亦有多件重大、疑难、复杂的民商事、行政、刑事等诉讼案件。

1992-2022
JT&N 30th ANNIVERSARY

沙海涛，北京金诚同达律师事务所高级合伙人，执业于上海办公室，兼任最高人民检察院民事行政案件咨询专家、上海市第一批知识产权海外纠纷应对指导专家、上海律协知识产权委员会副主任、国家技术转移中部中心高级顾问、上海市科技协会法律咨询委员会委员、海南国际仲裁院等多家仲裁机构仲裁员、上海政法学院校外硕士导师。沙海涛律师主要从事知识产权、反不正当竞争、公司商事等领域内的诉讼及非诉讼业务，擅长于企业知识产权整体战略的策划。

李林，北京金诚同达律师事务所合伙人，执业于北京办公室，兼任浙江省外经贸法律服务律师团律师。李林律师主要执业领域为国际贸易救济和公司法律事务，有超过15年的丰富服务经验，精通国际贸易救济法和WTO法律，获得以下荣誉：2020-2023 The Legal 500 亚太区国际贸易领域新一代合伙人。

师晓燕，北京金诚同达律师事务所高级合伙人，执业于北京办公室，兼任北京市律师协会保险法律专业委员会副主任。师晓燕律师的主要业务范围包括保险公司的设立、并购、业务合规，外商投资，以及为金融服务公司，特别是保险公司和保险资产管理公司，提供法律咨询服务，获得以下荣誉：钱伯斯保险业务领域中国法优秀律师、The Legal 500（法律500强）保险领域领先律师。

余华良，北京金诚同达律师事务所高级合伙人，执业于北京办公室。余华良律师拥有20多年的法律工作经验，在外商直接投资、兼并收购、资本市场、私募资本及一般公司事务等领域有着丰富的经验，处理过众多中外客户的跨境并购及资本市场交易；近10年来主要从事金融保险领域的跨境并购重组工作，为众多欧美大型金融保险集团提供法律服务；获得以下荣誉：钱伯斯保险业务领域中国法优秀律师、The Legal 500（法律500强）保险领域领先律师。

符欣，北京金诚同达律师事务所高级合伙人，执业于北京办公室，兼任北京律师协会WTO和反倾销法律专业委员会副主任、中国国际商会合规顾问委员会。符欣律师精通WTO法律和国际贸易救济法，曾多次参与中国政府作为第三方或被申诉方的WTO争端解决案件，代理中国企业应诉美国、加拿大和欧盟的近百起反倾销、反补贴、反规避和海关调查案件，且在ESG治理和跨境贸易合规风险方面拥有丰富的咨询和实践经验，在钱伯斯全球和亚太地区国际贸易/WTO领域长期排名为领先律师。

徐铮，北京金诚同达律师事务所高级合伙人，执业于北京办公室，兼任浙江省对外经贸摩擦应对工作组专家组成员、山东省国际贸易摩擦法律服务团成员、福建省应对国际贸易摩擦法律顾问。徐铮律师自2002年开始从事反倾销反补贴法律服务业务，有20多年丰富的法律服务经验，代表中国政府和众多中国企业应诉美国、加拿大等国家发起的近百起反倾销、反补贴、反规避、保障措施调查案件，代理中国政府作为第三方、申诉方及被申诉方的WTO争端解决案件，获得以下荣誉：2016-2024年度钱伯斯国际贸易/WTO领域领先律师。

李悦，北京金诚同达律师事务所顾问，执业于北京办公室。李悦律师拥有多年从事反倾销、反补贴应诉经验，精通国际贸易救济法和WTO法律，曾多次代表中国企业、出口商会、协会应诉欧盟、美国、澳大利亚、印度、马来西亚、巴西等国家和地区发起的数十起反倾销调查、反补贴调查、保障措施案件及相关贸易法院诉讼，涉及行业涵盖新能源行业、加工制造业以及消费品。获得以下荣誉：The Legal 500（法律500强）2024年"WTO与国际贸易"领域推荐律师。

李岚，北京金诚同达律师事务所高级合伙人，执业于深圳办公室，兼任FDI Moot全球赛赛题审核委员会委员、中国人民大学法学院法律硕士实务导师、河套国际商事调解中心专业委副主任、江门仲裁委仲裁员。李岚律师长期专注于国际仲裁、跨境诉讼、跨境争议调解与和解、跨境合规和跨境交易等领域，同时在协助中国企业处理出海相关贸易、投资与合规法律事务方面也具有丰富经验，获得以下荣誉：2017年度CLECSS十大杰出青年律师、《商法》2022年The A-List 100位中国法执业优秀律师、《亚洲法律杂志》2023年度华南地区十五佳律师新星和2023 LEGALBAND争议解决律师20强。

孙蕊，北京金诚同达律师事务所合伙人。孙蕊律师长期从事跨境投资业务，擅长处理大型复杂的跨境投资和并购；作为牵头律师，为中铁建阿联酋铁路二期项目提供法律服务；协助若干制造业客户在南美、中东、东南亚等地区设立工厂；获得以下荣誉：2021年度China Business Law Journal《商法》40位中国业务法律新星（Rising Stars 2021）、2021年Legal 500亚太榜单项目与能源领域推荐律师。

制度为舟，文化扬帆

——30周年文集代序

2022年，金诚同达成立30周年！

金诚同达过往30年的发展可分三个阶段来概括：第一个10年谋生存，第二个10年求发展，第三个10年上台阶。这三个阶段也是中国社会经济发展脉络的真实写照。1992年，邓小平南方谈话，迎着改革大潮，金诚同达正式创立。进入21世纪，中国加入世界贸易组织，成功举办奥运会，社会经济进入高速发展期，包括金诚同达在内的诸多中国律所也进入快速发展轨道，在和世界的接触与碰撞中，不断突破自我。进入第三个10年，我国继续强化国内法治与涉外法治建设，中国律师行业亦加速变革以适应社会变化带来的机遇和挑战。在这10年间，金诚同达脚步坚实，锐意进取，不仅迈入千人大所行列，也不断夯实律所制度与文化建设，取得越来越多的成绩。

在这30年里，未曾改变的是，金诚同达一直在坚持不懈地修炼内功，其中最关键的有两件事情——一是建设完善我们的制度，二是总结弘扬我们的文化。

金诚同达的制度体系有“四梁八柱”，涵盖了合伙人会议以及管理机构批准通过的100多项规章制度。我们在制度建设和完善的过程中，始终把制度执行放在一个非常重要的位置，也就是一切以制度为准绳，没有人和事可以超越制度。

制度是硬件，文化是软件，两者相辅相成，主要调整和丰富三方面的关系：一是合伙人之间的关系；二是合伙人和律师、职能人员的关系；三是律所和社会的关系。

金诚同达最值得骄傲的事情之一，就是建所30周年了，11名创始合伙人都还在所里，没有一人离开。据我了解，这在有30年历史的综合性中国律所中，可能是唯一的一例。“人和”是合伙文化的基础，深深根植在我们的基因里。“人和”的文化也是靠制度保障的，我们有一套合理的退休制度，其中3名创始合伙人已经在事务所正式退休了。

我们在2019年做管理体制改革时，制度上明确了合伙人参与事务所管理和决策的权力主要通过合伙人会议行使，在律所日常运营中，合伙人也是律所的全职员工，要服从律所的管理，所以合伙人个体与员工个体之间不是老板和雇员的关系，合伙人、律师和职能人员，都是律所的平等一员。基于这个理念，我们倡导并特别注重建设律所平等的工作氛围，并有计划地促进员工之间的互动交流。比如，我们打造一个品牌活动——“文化周”，新冠肺炎疫情暴发前已经举办了两届。在“文化周”期间，我们会密集组织全国同仁进行专业探讨，也会举办多场文体和公益活动，得到了很多员工以及家属的热烈欢迎。我们的培训活动也是全方位、多层次的，针对初、中、高不同年级的律师，有“金石计划”“金鹰计划”“金牌律师计划”，此外还有专门针对合伙人和职能部门的培训。金诚同达研究院在近5年时间里，举办了200多场培训，还有很多线上课程。更重要的是，我们的培训会从拓展活动开始，然后再进行专业领域的互动交流，大家都非常喜欢。

作为一家在社会颇有影响力的品牌律所，我们也很注重加强律所和社会的互动交流，这也是我们文化建设的重要组成部分。比如，我们和上海辅读学校进行结对共建后，律所宣传画用了很多辅读学校孩子们的画。我们还把他们的画在律所相关活动中进行义卖，使孩子们能够感受到自己作品的价值。今年我们还和中国非物质文化遗产保护协会、敦煌研究院签署了公益法律服务合作协议，作为我们30周年庆祝活动的重要组成部分，所以今年律所的宣传画、节日海报等均以非遗文化作品作为背景进行创作。金诚同达参与的其他公益活动还有许多，我们希望金诚同达发展到30周年之际，除了在律所内部继续完善制度、弘扬文化之外，还能够更多地与社会形成互动，更多地展现一家30年律师事务所的社会责任和担当。

物有甘苦，尝之者识；道有夷险，履之者知。当前全球化与逆全球化激烈交锋、国际局势变幻莫测，中国正面临百年未有之大变局。“坚持统筹推进国内法治和涉外法治”是习近平法治思想“十一个坚持”的重要组成部分。中国在向世界展示深化改革开放、积极参与全球多边经贸治理、构建更高水平的制度型开放体系的信心和决心，中国律师行业也正加速改革以适应变化带来的机遇和挑战，沿着专业化、品牌化、规模化、国际化的方向快速推进。

历史长河中，30年转瞬即逝，生命岁月的30年也是骐骥过隙，但对于一家全国领先的综合性律所而言，三十而立，风华正茂，在磨砺中闪耀，在奋斗中升华。

金诚同达将继续遵循“进取、合作、诚信、包容、创新”的核心价值观，加快业务布局、加大人才引进，为持续高质量发展积聚能量，力求“做久、做强、做大、做出品牌”。

金诚同达也将继续坚持“行稳致远”的发展理念，以制度为舟，文化扬帆，乘风奋楫，笃志超越！

金诚同达律师事务所主任 杨晨

二〇二二年八月十五日

金诚同达30周年文集序言

一元复始，万象更新，凡是过往，皆为序章。

守望三十载，诗文会今朝
玉筵鸿鹄至，仙音凤凰调
乘风蹈墨海，奋楫动文潮
长歌九万里，月引和青霄

2022年，金诚同达成立30周年。历史长河的30年转瞬即逝，生命岁月的30年也是骐骥过隙。金诚同达，三十而立，经历了中国合伙制律师事务所求生存、谋发展、上台阶的整个历程，从蹒跚学步到意气风发，凝聚着一代人的奋斗与担当。在过去的30年里，金诚同达铸就了自己的文化和底蕴；在未来，文化和底蕴将滋养和成就金诚同达。

金诚同达律师素来重视专业研究和业务探讨，不少律师出版过专著、案例集、文集。为了三十周年所庆，所内专门征集了一批近期完成的新作，统一出版，作为律所知识管理的重头戏——金诚同达30周年文集。

金诚同达在业内有一个故事：创所初期的11位创始合伙人，自1992年至今没有一位离开，其中除了3位已经从所内退休，其他8位还在业务一线。这样一代一代的言传身教，潜移默化地吸引、影响金诚同达人。“进取、合作、诚信、包容、创新”的核心价值观，在金诚同达的文化和制度的相互支持与促进中，得到坚守、传承。

“争做法律服务行业的领航者。”这是金诚同达人的使命。在“守信金诚，励志同达”理念的坚持下，金诚同达必定会在法律服务市场上不断突破创新、稳健向前。

30 周年，是金诚同达的全新开始。

金诚同达三十周年筹备委员会

2022 年 7 月 6 日

前　言

一、国际贸易对中国改革开放和经济发展的重要作用

中国加入世界贸易组织（WTO）20余年给中国带来了肉眼可见的重大变化，中国的改革开放实现了质的变化。中国经济在扩大开放中激发了强大的活力，创造了“伟大的经济奇迹”。“入世”20余年以来，中国切实履行相关承诺，为全球贸易和经济发展作出了巨大贡献。随着中国的快速成长以及全球政治经济版图的不断调整变化，中国和WTO的关系也在逐渐发生变化，从最初“入世”深刻影响中国改革开放进程，到如今中国已经成为推动WTO改革、权力结构调整和利益分配的关键力量。“入世”使WTO和中国相互促进，二者共同成长，国际贸易正成为全面深化中国改革开放与经济发展的重要推动力。

中国正以前所未有的速度和广度参与全球化进程，并成为全球经济增长的“发动机”之一，对世界经济增长平均贡献率超30%。中国企业走出国门，进行国际贸易和投资。自中国加入WTO以来，中国经济总量从世界第6位上升到世界第2位，GDP全球占比从2001年的4%提高到2020年的17%；货物贸易从世界第6位上升到第1位，服务贸易从世界第11位上升到第2位；外商对华直接投资的规模年均增长6.1%，连续29年居发展中国家首位；2002年，全球500强企业只有11家中国企业，如今变成了142家，中国对外直接投资从世界第26位上升到第1位。中国人民大学副校长刘元春指出，“入世”不仅让中国被纳入国际分工体系，其形成的开放红利、改革红利和转型红利，也帮助中国经济进行了重构，提升了发展稳定性。

中国从WTO多边贸易规则中不仅获得了巨大的经济利益，国民待遇、

透明度原则、贸易投资自由化原则等先进规则理念也为我们的市场经济制度打下了坚固的法律基础。在“入世”不到3年的时间里，中国共修订法律210项，废止法律559项，全国范围内修改、废止的地方各级法规达19万多件。在实现涉外经济法律法规与WTO规则协调一致的同时，中国法律法规及政策制定的合规性理念得以增强，WTO所倡导的非歧视、透明度、公平竞争等原则也逐渐内化为政策制定者以及立法和执法人员的自觉行动。

近年来，单边主义、保护主义兴起，经济全球化逆流出现，虽然以WTO为基础的多边贸易体系受到了冲击，但是世界发展的主流仍将是国际贸易。尽管如今面临众多全球性挑战，但世界多极化的趋势并没有根本改变，经济全球化的本质并没有改变，维护多边主义、加强沟通协作的呼声更加强烈。在这样的背景下，国际社会比以往任何时候都更需要团结，更需要维护多边主义，国际贸易仍是世界发展的主流。中国顺应世界发展的主流，坚定不移地支持多边贸易体制。在第四届中国国际进口博览会上，中华人民共和国主席习近平发言：中国将坚定不移维护真正的多边主义，支持多边贸易体制包容性发展。中国将以积极开放态度参与数字经济、贸易和环境、产业补贴、国有企业等议题谈判，维护多边贸易体制国际规则制定的主渠道地位，维护全球产业链、供应链稳定。这反映出中国维护多边贸易体系、维护国际贸易的决心。

伴随国际贸易重要性的日益增加，中国企业也将目光转向国际贸易。中国企业正在以国际化的视野“审视”着全球经济发展的浪潮，法律规则意识不断提高，已经从适应规则迈升到运用规则维护竞争利益的新台阶。

二、国际贸易法律服务的支持和贡献

中国在世界经济体系中的地位不断上升的过程离不开众多涉外法律人的保驾护航。“入世”20余年来，随着中国从国际规则的参与者、学习者到如今国际规则的制定者和推动者的转变，中国政府、企业和法律人士逐步从国际贸易规则的初学者，成长为熟悉规则和机制，捍卫国际交易各方权利的参与者。“入世”20余年来，国际贸易法律服务工作的重要性日益凸显，从立法咨询到具体案件，从G20峰会到APEC会议，从中欧双边投资协定谈判到WTO多边争端解决，从北京2008年奥运会到服务“一带一路”倡议、北京

2022年冬奥会和冬残奥会等国家重大活动，中国涉外律师法律服务能力不断增强。党的十八大以来，中国涉外法律服务业快速发展，中国律师在反倾销、反补贴、WTO争端解决、国际仲裁、国际投资争端解决、双边/多边立法谈判等领域展现高水平，并在数据合规、网络安全、区块链、ESG、元宇宙等新兴业务领域不断开拓进取。中国律师从过去国际贸易业务的辅助者，逐渐替代外国律师事务所成为国际贸易业务的主导者、承办者。近年来，中国律师积极适应全方位对外开放的需要，主动作为，高效服务，取得了显著成果。当前，涉外法律服务范围逐步扩大，一些律师事务所业务国际化程度不断提高，在国际法律服务业中具有一定的竞争力。有些律师事务所采取设立境外分支机构、与国际上大型律师事务所进行业务联盟、合作等形式，不断提升国际化水平。中国律师事务所已在世界35个国家和地区设立180家境外分支机构，来自22个国家和地区的律师事务所在中国（除我国港、澳、台地区）设立282家代表机构。① 除中国律师外，中国仲裁委也在国际贸易中发挥着重要作用。以北京仲裁委为例，自1995年成立以来，其受理国际案件1604件，所涉标的额为人民币522.59亿元，当事人涉及的国家和地区累计62个。2020年，国际案件数量首次突破200件，2021年达到249件。② 而且其多次面向海外举办中国商事争议解决高峰论坛，积极作为联合国贸法会观察员参与系列会议，介绍中国仲裁经验。中国法律服务在国际贸易法律市场的参与度越来越高，重要性越来越大，中国法律人在国际贸易法律市场熠熠生辉。

三、金诚同达国际贸易业务的品牌地位

金诚同达逐步汇集了一大批通晓国际经贸规则、又深谙中国国情的涉外律师人才，逐步形成了覆盖国际贸易和投资的完整法律业务板块和服务能力。

关于本书，做几点说明，便于大家阅读和理解：

---

① 《法律服务国际论坛侧记（一）：深化法律服务合作 助力区域经贸发展》，载中华人民共和国司法部官网，http://www.moj.gov.cn/pub/sfbgwapp/bnywapp/202309/t20230911_486064.html。

② 《中国之声：北京发布涉外法律服务成果》，载北京仲裁委员会、北京国际仲裁中心官网2022年9月7日，https://www.bjac.org.cn/news/view?id=4360。《北京仲裁丨以国际化服务助推仲裁高质量发展》，载北京仲裁委员会、北京国际仲裁中心官网2022年9月3日，https://www.bjac.org.cn/news/view?id=4355。

1. 出版本书的目的是协助读者对国际贸易相关法律业务板块做梳理（见图1）；

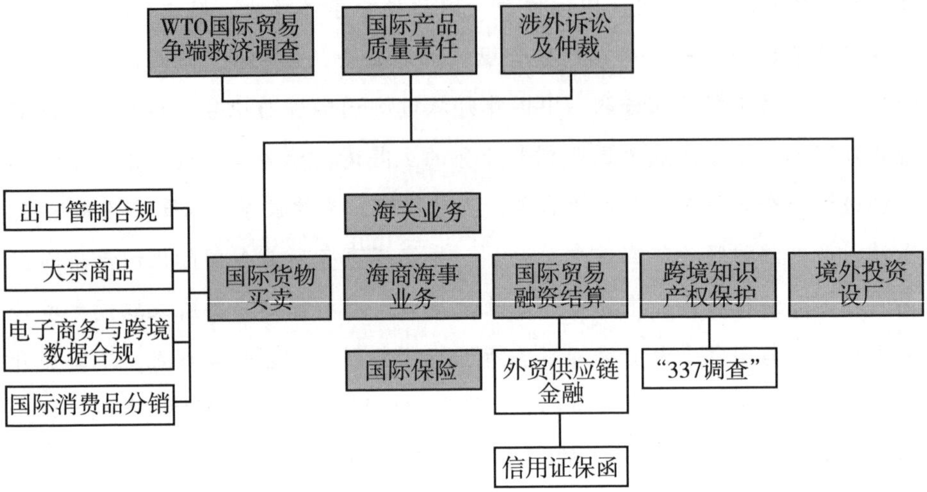

图1　国际贸易法律业务板块

2. 本书分析的案例，均为编者代理过的案件。部分案例有保密要求，案例中的相关内容作了脱敏处理；

3. 本书不单纯有法律问题，还兼顾商业问题。

祝贺金诚同达的“三十而立”，其必将为国际经贸规则贡献更多中国智慧和中国方案。

目　录

第一章　海商海事业务

第一节　业务板块介绍

海商海事业务是国际贸易法律服务的重要业务之一。海商海事业务通常涉及海上货物运输合同、租船合同、二手船买卖、船舶碰撞、船舶建造、海上保险、船舶融资与抵押、船员劳务、拖航合同、共同海损和海难救助等海事争议，以及由国际海运、国际贸易、国际结算、海上保险等活动发生、延伸和衍生出的各类海商海事相关事务。海商海事律师团队通常为整个航运产业链服务。

海商海事律师主要处理的事务包括国际仲裁和跨境争议解决方面，即为客户进行海事仲裁或诉讼，以及为仲裁裁决、诉讼裁判地执行提供专业的法律服务。

海商海事律师除须拥有精湛的业务技能和丰富的实践经验，还要与国内航运院校、主要港口及航运企业、海事组织等有广泛和深入的沟通，并通过与境外律师事务所的合作，持续为境内外客户提供高效优质的全方位、个性化法律服务。

海商海事团队在国际仲裁和跨境争议解决方面具有非常丰富的经验，曾处理超过 200 件国际仲裁案件。这些案件的仲裁地点主要包括英国伦敦、中国香港和新加坡，仲裁的内容主要涉及租船合同和船舶买卖合同争议。此外，在海事仲裁裁决的跨国执行方面也有丰富的经验，曾多次成功代表客户在境内外执行国际仲裁裁决，并代表客户在新加坡、美国、南非、俄罗斯、韩国、日本、印度、马来西亚、越南等国家和地区处理大量船舶扣押、燃油扣押和其他类型的海事诉讼案件。

海商海事业务是笔者团队重要业务之一，客户群体覆盖了航运企业、钢铁企业、贸易公司、石油公司、港口集团、造船企业、银行、融资租赁公司、保险公司、保赔协会、无船承运人和货代企业等。在不断开拓业绩的同时，团队还致力于法学理论的研究和探讨，在国内外期刊、杂志或学术会议上发表过多篇高质量论文。笔者团队通过过硬的业务能力和团队协作，积极为客户提供切实可行的解决方案。

第二节　案例分析

一、Ocean Virgo 轮期租合同伦敦仲裁及上诉案

（一）案情简介

1. 案情概述

2013 年 12 月 13 日，Sinoriches Enterprises Co. Ltd. 作为船东与 Polaris Shipping Co. Ltd.（租家）签订了一份航次期租合同（Time charter trip），从北太平洋运输煤炭至新加坡/日本区域。在期租合同中，船东向承租人提供了基于好天气情况下的航速保证，租约中约定的好天气的定义是："good weather/smooth sea，up to max BF SC 4/Douglas sea state 3，no adverse currents，no negative influence of swell"。

2013 年 12 月 14 日，船东在中国长江口向租家交船。整个租约履行过程中，船舶有空载航次（ballast voyage）和载货航次（laden voyage）。其中，空载航次是从长江口至加拿大罗伯茨湾港（Robertsbank），空载航次中租家指示船长按照不同的航速航行，因此，空载航次又可依据租家的不同指示而细分为两个区段。载货航次是从罗伯茨湾港至韩国东海港（Donghae），2014 年 2 月 8 日抵达韩国卸货港，2 月 22 日卸货完毕后租家还船给船东。

租家认为，船舶在履行租约过程中航速过慢，船东违反了航速保证，进而向船东索赔时间损失 263 832 美元。船东则认为租家提供的 AWT 公司出具

的气象导航报告不足以证明船东违反航速保证，租家应当依据期租合同约定向船东支付欠付的租金。

与大多数期租合同一样，该案中的期租合同约定适用英国法，在伦敦进行仲裁，适用伦敦海事仲裁员协会（London Maritime Arbitrators Association，LMAA）仲裁规则。船东和租家无法协商解决争议，而后船东作为仲裁申请人提起仲裁向租家索赔欠付的租金。

2. LMAA 仲裁程序

2014 年 4 月 18 日，船东指定 Nic Paines 船长作为仲裁员。2014 年 4 月 22 日船东向租家发送了仲裁通知，告知租家船东已经指定 Nic Paines 船长作为仲裁员，并要求租家在 14 日内指定其仲裁员。租家未在 14 日内指定其仲裁员，2014 年 5 月 7 日，船东通知租家 Nic Paines 船长将作为独任仲裁员来审理本案。

2014 年 8 月 29 日，船东提交索赔申请书（Claim Submissions）。租家委托一家英国律师行代表租家提出答辩状和反索赔申请书（Defence and Counter-claim）。双方随后又进行了一轮书面意见交换，船东最后提交结案陈词（closing submissions）。由于本案争议的问题相对较少，且双方对背景事实争议不大，双方均未提交事实证人或专家证人，双方及仲裁庭最终决定本案以书面形式进行审理。

2015 年 2 月 24 日，仲裁庭经充分审理后裁定船东胜诉，租家应向船东支付全部欠付的租金，且租家所提出的航速索赔被全部驳回。

3. 伦敦高等法院上诉程序

租家对裁决结果不服向高等法院提起上诉，其上诉的依据是英国《1996 年仲裁法》第 68 条和第 69 条的规定。2015 年 3 月 23 日，租家向高等法院申请延期 14 天提交上诉申请，高等法院予以准许。2015 年 3 月 31 日，租家将船东和本案的独任仲裁员作为被告向高等法院提起上诉。

在伦敦高等法院的诉讼程序中，需要委托当地律师参与。船东随即根据中国律师的推荐人选委托了伦敦当地律师行参与处理高等法院的应诉事宜。按照高等法院的诉讼惯例，伦敦当地的事务律师（Solicitor）需为船东推荐一名出庭律师（Barrister）协助处理本案的法院诉讼程序，尤其是在高等法院的开庭程序。

2015 年 6 月 8 日，高等法院 Burton 法官经过初审后，准许了租家所提出的上诉申请，其认为本案的争议对行业具有普遍意义和重要性（general interest and of general public importance），值得高等法院审理。

本案的全面审理最终由高等法院 Teare 法官负责。2015 年 11 月 11 日案件开庭审理，双方均委托了事务律师和出庭律师参与开庭。2015 年 11 月 27 日，高等法院 Teare 法官出具裁定，将仲裁裁决发回给仲裁员，要求仲裁员就三个问题进行重新考虑：（1）空载航行阶段 14 小时和 16 小时的两段好天气是否足够成为确立违约的样本；（2）如果是足够的样本，是否可以据此认定船东违反航速保证；（3）如果可以认定违约，将好天气状况下的航速推算至整个租约（排除租家要求慢速航行的时间段），进而计算租家的损失。Teare 法官驳回了租家基于英国《1996 年仲裁法》第 68 条提出的上诉。

4. 裁决发回重审及二次上诉

仲裁裁决被发回重审之后，仲裁员根据 Teare 法官的裁定于 2016 年 2 月 23 日出具进一步裁决，但裁决结果仍是支持了船东的立场。仲裁员认为空载航行的两个阶段 14 小时和 16 小时的时长过短，占整个航程的比例较小，进而无法反映整个航程的天气状况。

该裁决发布后，租家提出进一步质疑，并继续向高等法院提出上诉。船东继续委托伦敦律师进行抗辩，高等法院原计划于 2017 年 2 月 24 日开庭审理此案。但在 2017 年 2 月 23 日（正式开庭的前一天），考虑到对高等法院第二次上诉结果的不确定性，双方最终达成协议，船东随后收到了和解款项。

（二）应诉策略

1. 实务要点解析

航速索赔是期租合同领域常见的争议问题，个案争议仍需要严格对照租约的具体条款进行判断。此前在该领域已存在两个典型案例（leading case）：1988 年劳氏法律报告第 2 卷第 108 页报道的“狄迪米”轮案［The Didymi（1988）2 Lloyd’s Rep. 108］，以及 1993 年劳氏法律报告第 2 卷第 352 页报道的“燃油企业”轮案［The Gas Enterprise（1993）2 Lloyd’s Rep. 352］；本案在判决后亦在后续多个案件中被引用。该领域争议频发的主要原因有两个：一是信息技术不断进步，岸基人员对船舶航行过程的天气状况可以及时预报、跟踪，计算机系统能够模拟出正常的航行时间。目前能够提供船舶气象导航服务的公司已经有数十家，可见技术方面已较为成熟。二是租约中的个性化条款较多，不同的约定带来不同的裁决结果。典型的例子是对于"good weather"的定义完全需要根据租约的约定来进行判定。

仲裁裁决的上诉一般难度较大。本案中，租家提出了两个上诉理由：一是英国《1996 年仲裁法》第 69 条，即基于裁决存在法律错误而提起的上诉。这一点是英国仲裁法所特有的，其目的是保持英国法能够及时更新。随着仲裁作为争议解决方式的增多，如果一概不允许上诉，则法院的判例数量将会下降。当然，就可以上诉的案件而言，法官在考虑时也会注重该案对整个行业是否具有普遍意义，如果完全是基于个案的特别约定，则一般较难成功上诉。二是英国《1996 年仲裁法》第 68 条，即严重不规范行为（serious irregularity），该上诉理由所要求的证明标准较高。租家的上诉理由主要是仲裁员未能充分考虑租家的立场。对于此种上诉理由，实践中成功的案例极少，本案中的租家也未能成功。对于高等法院 Teare 法官的裁定，船东亦有不服，意图向上诉法院提起上诉，但高等法院未准许其上诉申请。双方之所以在二次上诉开庭之前达成和解，也正是考虑到了上诉的难度，以及未来结果的不确定性。高等法院一般不愿过多干涉仲裁庭的自由裁量权，尤其是仲裁庭已经认定的事实。

2. 实战经验总结

合同谈判过程中，双方对易发争议的条款应当尽可能明确。实践中，有一些租约的条款会明确约定只有连续 24 小时的好天气才可以作为判断航速保证的依据。本案中并未约定 24 小时的限制，导致租家有机会主张 14 小时和 16 小时的样本是足够的样本，进而产生争议。

企业应及时通过仲裁的方式主张权利。LMAA 仲裁在性质上属于临时仲裁，仲裁程序较为灵活，参与 LMAA 的全职仲裁员（full member）均按照工作时间收费，总体费率低于一般的商事仲裁案件中仲裁员和仲裁机构的收费标准。作为申请人，其通常对仲裁程序具有较大的主导权。例如，在本案中，

2014 年 5 月 7 日仲裁庭已经组成，而船东则是 8 月 29 日才递交索赔申请书。实践中，如果仲裁申请人不积极主动地推进仲裁程序，仲裁员一般也不会主动干涉，除非被申请人提出异议或提出仲裁反请求。如果在仲裁程序早期达成和解，整体成本较低。

及时指定仲裁员，并根据不同类型的争议指定不同的仲裁员。LMAA 的仲裁规则规定（小额仲裁程序除外），被申请人一般应在收到申请人发送的仲裁通知后的 14 日指定仲裁员，否则申请人指定的仲裁员将会成为独任仲裁员。本案中，被申请人未及时指定仲裁员，故申请人指定的仲裁员成为独任仲裁员。考虑到本案的争议问题是期租合同项下的常见争议，申请人另指定了一名曾经做过船长的仲裁员，其更能从商务的角度出发解决争议。在发回重审阶段，独任仲裁员仍是基于其经验判断，最终认定 14 小时和 16 小时的样本是不足够的，该认定非常重要。考虑到该认定是事实认定，因此即便是二次上诉，高等法院法官也可能不会去干涉该认定。

（三）案件意义与启示

中国律师在境外法律服务市场上大有可为，尤其是在国际商事海事仲裁领域。该案是一个完整的从 LMAA 上诉到高等法院的案件。中国律师参与了案件全程的处理，尤其是仲裁阶段，完全由中国律师负责处理。近些年，中央层面已经注意到国际仲裁的重要性。例如，教育部、司法部联合印发《关于实施法律硕士专业学位（国际仲裁）研究生培养项目的通知》，计划在 2023～2025 年“培养一批法学功底扎实、具有国际视野、通晓国际仲裁法律制度的高层次应用型涉外仲裁人才”。而在高等法院上诉阶段，虽然必须由当地律师出庭，但是就上诉的应对方案等而言，中国律师也起到了关键作用。在客户与伦敦律师之间，中国律师能够兼顾东西方文化差异，起到了重要作用。

中国律师和中国企业应增强对英国法律规则的重视程度和熟悉程度。在国际海事仲裁领域，粗略估计会有超过 90% 的合同约定适用英国法或新加坡法、中国香港特别行政区相关规定等。而在国际货物买卖领域，选择适用英国法的合同亦不在少数。因此，处理国际业务无法避开英国的商事法律。

对于中国企业维权来说，应积极通过仲裁程序维护自身合法权益。实践中，我们遇到有不少案件从法律角度具有可争取的空间，但如果企业不积极应对，仲裁庭只能听到对方的一面之词，最终大概率会败诉。如在本案中，如果船东不积极主张权利，则租家欠付的租金无法收回，同时还可能面临租家提出的反索赔。此外，如果彻底“躺平”，在一些程序中还可能会导致企业负责人承担刑事责任。我们曾处理过一起案件，该企业的董事在伦敦仲裁出现不利结果后，不理会法院的财产披露命令，被以藐视法庭罪判处一年半的监禁。万幸的是后续中国律师团队与伦敦律师合作，成功说服高等法院撤销了全部的刑事处罚，该案也是为数不多的成功案例。

二、STX 集团大连系列仲裁案

（一）案情简介

1. 案情概述

STX 集团是总部位于韩国的跨国公司，以造船、海运、机械等为主要业务领域，曾在全球造船行业名列前茅。2006 年前后，STX 集团入驻大连长兴岛造船基地。STX 集团通过世腾中国造船控股有限公司出资设立 STX（大连）投资有限公司，STX（大连）投资有限公司又进一步设立 STX（大连）海洋重工有限公司、STX（大连）造船有限公司、STX（大连）重工有限公司等。因航运市场低迷等多方面因素，STX 集团在大连设立的数个关联公司在 2013 年前后出现经济困难，随之出现了一系列的境内、境外纠纷案件。造船业是重资产的行业，需要金融行业的大力支持。我们曾代表大连当地众多的金融机构处理与 STX 众多关联公司、境外船东之间的仲裁、诉讼案件。其中，金额较大且实际回款金额较高的案件为某大型商业银行大连分行所涉及的系列仲裁案件，其总金额超过了 15 亿元，本案例分析主要以该系列仲裁案为例进行介绍。

2009 年 8 月，STX（大连）海洋重工有限公司作为借款人与某大型商业银行大连分行（以下简称银团牵头行）作为牵头行签订了银团贷款合同（以下简称银团贷款合同）。同日，保证人 STX 造船海洋株式会社（STX

Offshore & Shipbuilding Co.，Ltd.，以下简称为 STX Shipbuilding）签署了融资保函，为 STX（大连）海洋重工有限公司在上述银团贷款合同项下的贷款提供连带保证责任担保。后借款人经营出现困难，自 2013 年 6 月开始未能如期支付贷款利息，随后银团牵头行宣布全部款项加速到期。

2010 年 10 月，某大型商业银行大连分行（以下简称贷款行）与 STX（大连）重型装备有限公司签署了《固定资产贷款合同》。STX 重工业株式会社（STX Heavy Industries Co.，Ltd.，以下简称 STX Heavy）作为保证人，向贷款行出具了融资保函。与前述银团贷款情况类似，2013 年 6 月借款人经营出现困难，未能如期支付贷款利息，随后贷款行宣布全部款项到期。

2. 中国国际经济贸易仲裁委员会仲裁程序

在银团牵头行及贷款行宣布全部款项加速到期之后，前述两份贷款合同下的借款人，以及融资保函中的保证人均未能支付欠付本金以及利息，银团牵头行及贷款行不得不提起仲裁程序主张权利。

2013 年 8 月 12 日，银团牵头行在得到银团成员的同意之后，根据银团贷款合同约定的仲裁条款启动了仲裁程序。我们代表各银团成员以银团牵头行作为仲裁申请人在中国国际经济贸易仲裁委员会提起针对被申请人 STX（大连）海洋重工有限公司的仲裁程序，贸仲案件编号为 DF20130721。2014 年 3 月，该案在中国国际经济贸易仲裁委员会开庭审理。2014 年 5 月，仲裁庭签发了［2014］中国贸仲京裁字第 0364 号裁决书，支持了银团牵头行提出的全部本金、利息、仲裁费用请求。

在银团贷款案件中，银团牵头行同时针对保证人 STX Shipbuilding 向中国国际经济贸易仲裁委员会提起仲裁，该案作为一个单独的案件，案件编号为 F20130722。该案于 2014 年 3 月开庭，2014 年 7 月仲裁庭签发了编号为［2014］中国贸仲京裁字第 0580 号裁决书，支持了银团牵头行提出的全部本金、利息、仲裁费用请求。2014 年 9 月，在征得银团成员的同意后，银团牵头行与保证人 STX Shipbuilding 签署和解协议，由保证人向银团成员支付大部分欠款，剩余欠款由银团成员通过 STX（大连）海洋重工有限公司的破产重整程序获得清偿。

在另一案件中，虽然贷款行与 STX（大连）重型装备有限公司于 2010 年签订的《固定资产贷款合同》约定了法院诉讼，但是融资保函中仍约定了贸仲仲裁。因此，贷款行也针对保证人 STX Heavy 在中国国际经济贸易仲裁委员会提起了仲裁程序。该案在 2014 年 3 月开庭审理后，仲裁庭于 2014 年 7 月出具了［2014］中国贸仲京裁字第 0583 号裁决书，支持了申请人的全部仲裁请求。

3. 北京市第二中级人民法院撤裁程序

STX Heavy 不认可［2014］中国贸仲京裁字第 0583 号裁决书的结果，遂向北京市第二中级人民法院提起撤销仲裁裁决的申请。STX Heavy 认为，依照《仲裁法》第 58 条的规定该裁决书应被撤销。具体来说，贷款行在仲裁过程中存在隐瞒足以影响公正裁决的证据和事实的情形，仲裁庭在审理过程未传唤主债务人进入仲裁程序存在程序瑕疵，且裁决结果有违社会公共利益。代理律师对 STX Heavy 上述三个理由逐一进行了反驳。首先，本案为涉外仲裁案件，应当适用当时的《民事诉讼法》第 274 条的规定，不应适用《仲裁法》第 58 条的规定，即使存在证据问题（STX Heavy 未能举证），法院在撤裁程序中也不应进行审查；其次，本案中 STX Heavy 承担的是连带责任保证，法律并不要求仲裁庭将主债务人加入仲裁程序之中；最后，本案仅是普通的商事案件，不能上升到公共利益的层面。北京市第二中级人民法院经审查后驳回了 STX Heavy 的撤裁申请。

（二）应诉策略

1. 实务要点解析

银团贷款案件中，虽然牵头行通常具有代表银团成员处理诸多事项的授权（包括委托律师），但是在仲裁程序中，其仍需要获得全部银团成员所签署的授权委托书，否则仍可能会遭到质疑。我们处理的一些保险代位求偿的案件中，如涉及多家保险公司共保，也曾被法院要求提供各家共保人所签署的授权委托书。如果共保人是境外公司，则需要进行公证认证，实践中存在诸多不便。我们认为，针对银团贷款案件或共保等类似案件，应放宽对授权手续的要求，只要牵头行或牵头保险人能够证明其有权代表其他成员处理相关事项即可。

在司法实践中，申请撤销已经生效的仲裁裁决通常难度很大，相较于国内仲裁案件，涉外仲裁裁决的撤销更难。涉外案件撤裁和国内案件的撤裁所适用的法律不同，撤裁的事由亦有不同。其中，对涉外仲裁案件的撤裁，申请人可以援引的事由更少。原则上来说，就涉外的仲裁案件，法院原则上只审查程序问题，而不涉及证据等实体问题。

境内企业破产重整或破产的情况下，境外主体的担保责任并不必然因此而终止。2014 年 6 月 6 日，大连市中级人民法院受理 STX（大连）海洋重工有限公司等 6 家 STX 集团下的公司破产重整。前述两个融资保函项下的仲裁案件均在 2014 年 7 月出具裁决书，晚于破产重整程序的受理时间，即便如此，保证人 STX Shipbuilding 在银团案件中也履行了大部分的担保责任。需要说明的是，此时 STX 集团的经营状况也出现了较大的困境，部分企业在韩国进入破产程序。

2. 实战经验总结

与境外律师合作，要确保重要交易文件有效。涉案的融资保函等交易文件在签订之初即曾邀请我们出具中国法意见，在意见中，我们着重提了担保的问题。同时，考虑到保证人是依据韩国法律设立的主体，我们亦与韩国首尔知名律师所合作，邀请韩国律师就保证人所签署的融资保函在韩国法律下的有效性出具法律意见书，确保该保函在中国法和韩国法下对保证人均具有拘束力。

对境外主体提供的担保，我们建议在担保中约定仲裁作为争议解决的方式。在跨境争议解决层面，仲裁与诉讼的主要区别是承认和执行程序的便利程度。就法院判决而言，即使双方有民商事判决互认协议，但实践中在外交送达、判决书的生效证明等方面也存在较大的限制。而仲裁裁决的承认和执行，则不需要通过漫长的外交送达等程序，且根据《纽约公约》的规定国际层面已经达成一些共识。确定将仲裁作为争议解决方式之后，还应当选择合适的仲裁机构（或临时仲裁地点）以及仲裁规则。在选择仲裁机构和仲裁规则时，应当充分考虑行业特性以及仲裁机构的实际情况。例如，中国国际经济贸易仲裁委员会存在专门的金融争议仲裁规则，即《中国国际经济贸易仲裁委员会金融争议仲裁规则》（2008 年版），如选择该规则，则金融争议案件的费用也与一般商事案件存在一些差异。

仲裁程序应格外谨慎。以送达为例，在三个关联的中国国际经济贸易仲裁委员会仲裁程序中，每个案件均存在送达的问题。在被申请人对案件的结果存在不利预期的情况下，被申请人一般会在送达等环节进行拖延。在银团贷款案件中，针对被申请人 STX（大连）海洋重工有限公司的送达程序，先是向其位于大连市希望大厦的办公地址送达，但被拒收；随后又尝试往大连市长兴岛造船基地的地址送达，再次被拒收；最后，再次更改地址以及收件人信息，EMS 方显示妥投。在中国国际经济贸易仲裁委员会 F20130723 号融资保函争议案中，中国国际经济贸易仲裁委员会根据我方提供的地址，于 2013 年 9 月 18 日通过 EMS 向 STX Heavy 进行送达。但遗憾的是，被申请人拒收该快递，拒收的理由是快递没有写明具体收件人的姓名。随后我方对收件人信息进行了明确，最终于 2013 年 11 月 1 日妥投。中国国际经济贸易仲裁委员会作为一家经验丰富的仲裁机构，能够在很大程度上避免出现程序上的瑕疵。我们注意到，仲裁庭在裁决书中对相关的送达过程也做了详细的记载。当然，从律师的角度出发，应特别关注程序上可能出现的瑕疵，及时与仲裁机构或仲裁庭沟通相关的程序问题。

（三）案件意义与启示

非诉程序和争议解决程序结合，境内律师与境外律师联合，为客户提供“一条龙”法律服务。在融资保函签订之前，我们已受邀对相关的合同内容提出修改意见，并出具中国法和韩国法的法律意见书。在后续各方签订补充协议时，我们仍继续跟进。在后续银团牵头行及贷款行宣布全部债权加速到期后，我们又及时向借款人和保证人发送了律师函。基于前述这些程序的积累，在争议解决阶段能够完整了解案件的全部背景情况，并针对案件制定针对性的仲裁策略。与韩国律师的合作，除前期对融资保函的有效性等问题出具法律意见外，在仲裁启动之前，我们还再次与韩国律师合作，就财产调查、财产保全、贸仲裁决在韩国的承认和执行等问题进行密切交流，对整个案件的仲裁策略起到了重要的作用。

及时采取保全措施并启动仲裁程序。在该系列案件中，从银行宣布全部债权加速到期到实际采取保全措施、启动仲裁程序，中间相隔时间仅有2个月左右。由于本案的仲裁程序启动得较早，在破产重整程序获得法院受理时，三个案件的仲裁程序均接近尾声。在最终局面未定的情况下，与STX韩国公司达成协议，提早收回大部分款项。虽然STX Heavy通过北京市第二中级人民法院的撤裁程序来进行拖延，但是严格从法律的角度看，只要该裁决未被撤销，其就仍然是有效的。在我们处理的STX集团系列的其他案件中，由于STX集团的主要资产在于在建船以及船厂的机器设备、土地等，我们也及时向法院申请了财产保全的措施，避免在建船等财产被转移出境。

三、燃油争议案

企业在选择交易对象时，要充分做好背景调查；在未完成调研的情况下盲目进行交易，企业将面临极大风险。2015年，国际航运市场迎来行业寒冬，运费下跌让全球航运公司不堪重负，包括韩国大波航运公司、中国大连威兰德航运公司和丹麦航运公司Copenship在内的航运企业接连宣告破产。在此背景下，Z燃油公司（以下简称Z公司）一意孤行，在G航运公司（以下简称G公司）资信状况未明确的情况下仍选择与G公司进行交易，不仅给自身带来巨大损失，还使居间公司F公司进退两难。在此僵局之下，金诚同达助力F公司破局，把损失降到最低，最大限度地维护了当事人利益。我们将带大家详细了解此案，希望大家能从此次案件中吸取经验教训。

（一）案件背景

步入21世纪，航运业迎来了黄金时代。20世纪90年代的运价到了新世纪初竟然翻了三番或四番，最高的可以翻五番。一艘海岬型的散货船在21世纪短短几年里从原来的3000万美元戏剧性超过了1.5亿美元，航运业成为这个世界上创造最多利润的行业。航运神话最大限度地刺激着市场，越来越多的人把大把的钱“扔”进了航运界，似乎整个世界都期待着航运界的奇迹能够一个接着一个地出现。在那时的航运市场上，钱随处可见。同样，航运业的竞争也是激烈的，各种业务模式层出不穷，大大小小的企业都想在航运市场这片“蓝海”中分一杯羹。

由于船舶加油量大、加油业务的标的金额庞大，燃油公司在进行每一笔燃油交易时都极为慎重，大多会对航运公司进行资信和账期评估。对于大航运企业来讲，通过资信评估并不是什么难事，但对于中小航运企业，通过资信评估则较为困难。因此，航运市场衍生出了一种新的业务模式：由燃油公司或者航运公司找到已通过燃油公司资信评估的第三方企业，航运公司使用该第三方企业的账期额度，燃油公司向第三方企业销售燃油，第三方企业再以“背对背”的形式将从燃油公司处收购的燃油向航运公司销售，从而暂时解决航运公司没有燃油公司信用额度的问题，第三方企业从中获得中间费用。此交易模式一经出现就受到了航运市场的“欢迎”，在起初航运市场稳定的情况下，该交易的风险性较低，居间企业仅“借出”其信用额度便可以赚取中间费用，因此该交易模式逐渐成为行业惯例。但是，随着航运市场寒冬的到来，此交易模式的风险也逐渐暴露了出来。

增长势头十分火爆的全球航运业在2008年第四季度突然进入萧条。这种突然出现的萧条应当是一个必然。全球的商船队吨位已经远远超过整个世界可以创造的最大需求，但造船厂却依然在不断地把一艘艘船舶推下水去。与此同时，整个世界的进出口货物量在不断下降，全球的集装箱船队运力过剩。在货运需求下降、航运运力过剩的双重打击下，航运企业经营状况普遍恶化。2015年的农历春节对许多航运公司来说并不好过，接二连三的公司破产昭示着航运业的寒冬在不断肆虐。由于国际航运市场不景气，运费下跌让全球航运公司不堪重负。在运费低迷的情况下，波罗的海干散货指数（BDI）长期处于低位。自2014年第四季度以来，美股航运股全线下滑，跌幅普遍高达两位数，多家公司股价遭“腰斩”，航运企业“接二连三”破产。2月4日，丹麦航运公司Copenship及其子部门Copenship Bulkers向丹麦海事部门及商事法庭申请破产。其申请破产的原因是航运市场惨淡、交易中相对方频繁违约以及诸多赔偿金未被清算。Copenship于1978年建立，是全球干散货市场的老牌公司。2月13日，中国第一家在美国OTCBB（场外柜台交易市场）上市的民营航运企业大连威兰德航运公司，在美国得克萨斯州申请破产保护。大连威兰德航运公司成立于1993年，主营国际散杂货、集装箱运输及租船等航运业务，航线遍及全球，月控制运力达100余万吨，员工400余人，是国内航运业巨头，但仍逃不过破产命运。大连威兰德航运公司2014年虽实现营业收入1260万美元，但仍净亏损800万美元。韩国大波航运公司是2015年年初第三个走上破产之路的航运公司，其表示破产的主要原因是国际航运市场不景气，中国的航运需求持续下降，同时国际运力过剩，供需不平衡，BDI长期处于低位，航运费率很低。

实际上，航运业寒冬早在2015年之前就已经来临，BDI作为经济的“晴雨表”和国际贸易先行指标，其在2010～2015年持续走低，2015年以来更是处于单边下行的趋势，已累计下跌34%；距离2014年11月所创近期高点1484点大幅下跌了65.2%，而2008年5月该指数曾触及历史高位11 793点。受BID断崖式暴跌的影响，截至2015年24日收盘，2014年第四季度以来，美股航运股全线下滑，跌幅普遍高达两位数，多家公司股价遭“腰斩”。

全球经济不景气，地缘政治问题加剧，贸易保护“抬头”，贸易增幅降低，运力过剩，航运业的复苏暂时还看不到希望。在这样的背景下，航运企业面临的外部压力和内部压力均处于过载状态，在选择和航运企业交易时，要慎重做好背景调查，避免造成损失。

（二）案情概述

Z公司于2014年8月与F公司以及G公司开展非规范的“背对背”供油业务，在上述航运业萧条的背景下，由于下家G公司经营不善，F公司未收到G公司货款，无法支付上家Z公司油款。2015年1月G公司宣布破产，F公司保险过期，最终导致此次交易未能圆满完成，F公司欠Z公司油款的余额计50万美元，始终无法收回。此次三方交易随着G公司的破产而走向失败。

Z公司是一家国际著名燃料企业，在业内具有很深的影响力，其在客户审核方面有严格限制，制定了严格的内部审核程序来对其商业客户进行信用评估。Z公司协同保险公司共同对客户的商业资质和信用等级进行评估后，给予被评估客户一个信用额度（被允许和Z公司进行信用交易的最大金额）和账期（还款的最大宽限期）。F公司作为Z公司的长期客户之一，拥有良好的信用额度。2013 年 1 月，F 公司在经过 Z 公司对其信用资质的评估审核后，被分配到信用额度 1 500 000 美元，账期 40 天。

G 公司是一家船运企业，此前与 Z 公司有过业务往来。经审查 G 公司财务报告，Z 公司业务、内控、财务人员均对其资信状况持严重怀疑的态度并认为过单模式不能解决 G 公司拖款延付的严重性，建议暂停与 G 公司各种模式的业务合作。在短期业务暂停后，G 公司再次提出与 Z 公司的业务合作问题，Z 公司业务部和财务部、内控人员虽对 G 公司资信状况存有疑虑和忌惮，但鉴于其可以依据航运行业实践中较为常见的三方交易模式来寻找信誉客户作为居间公司参与交易，仍然选择与 G 公司继续开展业务合作。2013 年年底，Z 公司找到 F 公司，邀请其作为居间公司参与 Z 公司和 G 公司的燃料交易。Z 公司方提出其正在审核 G 公司的信用额度和账期，但由于 F 公司已通过审核、能够与 Z 公司进行交易，F 公司可以作为中间人介入，为 Z 公司和 G 公司之间的交易提供便利，获取中间费用。此业务模式简述如下：使用 F 公司的账期额度，Z 公司向 F 公司销售燃油，F 公司再以“背对背”的形式将从 Z 公司处收购的燃油向 G 公司销售，从而暂时解决 G 公司没有 Z 公司信用额度的问题；F 公司从中获得中间费用（实际合同获利 1.8 万元，吨油毛利 3 美元）。Z 公司收到 G 公司发来的询价单后，会先与 F 公司对询价单要素进行初步沟通。F 公司确认接受潜在订单后，Z 公司将与 G 公司先就价格、供油商等要素达成一致，并以邮件的形式将交易条款重述（deal recap）或等同内容形式发给 G 公司，之后 Z 公司会与 F 公司商定中间费用，再以书面形式向 F 公司发送销售确认单，并告知 F 公司应该以何种价格向 G 公司发送销售确认单。若出现油款到期未付的情况，以 Z 公司出面向 G 公司催收为主，F 公司以电话或邮件的形式做辅助催收，F 公司先收到 G 公司油款，再立即向 Z 公司付款。全程由 Z 公司和 G 公司直接商谈所有内容，F 公司仅作为居间公司操作订单。

F 公司在和 Z 公司洽谈后，由于此业务模式在航运实操中较为常见、已形成一般行业惯例，便同意尝试该交易模式，且双方对 F 公司在此次交易中的定位达成一致：F 公司的参与仅是作为中介，旨在规避 Z 公司严格的内部审核机制，其不承担对 Z 公司或 G 公司的任何责任，因而 G 公司只需向 F 公司支付相对较少的中间费用。

第一次（Z公司和F公司）开展多笔过单业务，账期最长超期4个月后才收回。2014年2月4日~2014年3月2日，Z公司、F公司和G公司之间多笔业务累计供油量2000吨，形成应收账款140万元，应收账款最长超期4个月，在2014年7月收回。就前述业务，Z公司毛利6000元，中间商F公司毛利9000元。由于在此次交易过程中账款回收困难，同年7月，Z公司暂停与G公司的各种业务模式，其业务、内控、财务人员一致认为过单模式不能解决G公司拖款延付的严重性且对其资信状况持严重怀疑的态度，暂停与G公司各种模式的业务合作。

2014年8月，由于在上次交易中"尝到了甜头"，F公司再次提出与G公司的业务合作问题，并且指示业务人员向Z公司征求意见，恢复此前与G公司的交易模式。由于此前G公司逾期付款，Z公司业务部和财务部、内控人员对G公司的资信状况存有疑虑和忌惮，向F公司提示付款逾期等风险，但F公司向Z公司解释：G公司已经向其承诺，保证在45日内付清油款，不可能食言。基于此，三方于2014年8月达成定油交易。2笔业务累计供油量250吨，形成应收账款18万元，约定应收账款超期1个月，在2014年9月收回。在前两笔应收账款未收回的情况下，Z公司在2014年11月继续和F公司、G公司签订供油业务，2笔业务累计供油量1500吨，形成应收账款81万元，正常账期30天收款计算，应在2014年12月回收账款（保险公司给予F公司的授信截止时间是2014年12月2日，尚未过期）。

但是由于G公司经营不善，F公司未及时收到下家G公司货款，无法支付上家Z公司油款81万元，且2015年1月G公司宣布破产，F公司保险过期，最终导致F公司欠Z公司油款50万元的坏账。往来邮件显示：F公司提出希望Z公司领导协助积极催收余款，控制风险及降低对双方声誉的负面影响。截至审计日，F公司尚未收到油款，未支付Z公司油款50万元，Z公司对此笔欠款全额计提坏账准备。

2015年2月，Z公司正式向香港特区高等法院对F公司拖欠油款一事提起诉讼。F公司在收到法院传票后，立即与金诚同达律师团队讨论，最终选择进行双线作战：一方面和Z公司积极谈判、寻求和解；另一方面在内地和香港特区法院起诉 G 公司，寻求司法救济。由于双方在协议中事先约定了争议解决条款，约定发生争议时，在新加坡海事仲裁协会（SCMA）进行仲裁。但是发生争议后，Z 公司直接向香港特区高等法院起诉，并没有选择在新加坡仲裁。仲裁作为商事交易中最重要的争议解决方式，有诉讼无可比拟的优点：(1) 从节约诉讼成本的角度考虑，仲裁是一种快速解决争议的方式，而诉讼耗时较长，需要花费较大的人力、物力以及时间成本。(2) 从商业战略角度考虑，仲裁一般以不公开的方式进行，更有利于保护双方当事人的商业秘密，也有利于维护当事人的商业信誉。Z 公司和 F 公司作为业界龙头企业，商业秘密和商业信誉都是其公司战略发展中重要的一环。(3) 从争议解决的角度考虑，仲裁是就交易中发生的争议寻求公正而权威的人士协调解决，比通过诉讼对当事人之间的感情产生的影响更小，有利于争议双方达成和解以及双方今后交易的继续进行。F 公司的首要目标是与 Z 公司达成和解，仲裁相较于诉讼更有利于和解谈判的推动。综合考量以上因素，F 公司认为根据先前协议中的争议解决条款选择在新加坡进行仲裁是最佳的争议解决方式，并就本案的争议解决方式与 Z 公司进行协商，但结果却不尽如人意，Z 公司坚持要在香港特区高等法院诉讼，不接受 F 公司的仲裁协商请求。经金诚同达和新加坡仲裁律师团队讨论后，决定以协议里约定的仲裁条款为基础向香港特区高等法院申请中止诉讼。在律师团队的不懈努力下，香港特区高等法院认定仲裁条款有效，裁定中止诉讼，本案最终交由 SCMA 进行仲裁。

在进行仲裁的同时，律师团队也在尽力帮 F 公司追回账款，双线作战。在调查过程中，律师团队发现 G 公司实际控制人同时操纵包括 G 公司在内的两家公司，个人财产和公司财产高度混同，通过对 G 公司的破产程序摆脱自己的债务，保全另一家公司。F 公司也在与 Z 公司谈判的过程中将这一信息共享，随着谈判的深入，双方逐渐意识到 G 公司存在欺骗的可能性：其实际控制人妄图通过破产程序躲避债务，最终将后果转嫁给 F 公司和 Z 公司。基于这一事实，双方联手针对 G 公司实际控制人进行反制措施，律师团队提出建议：根据“刺破公司面纱”的原则，直接针对 G 公司实际控制人，分别在其所在地法院和香港特区高等法院对其提起诉讼，瓦解其通过破产程序摆脱债务的意图。在律师团队的不懈努力下，最终 F 公司获得了一定数额的赔偿，最大限度地降低了损失。金诚同达和新加坡仲裁律师团队在协助F公司进行仲裁的同时与Z公司积极寻求和解，在各方的努力下，双方最终达成和解：由F公司向Z公司支付部分账款；Z公司终止在新加坡的仲裁，仲裁费用由双方共同承担；终止在香港特区的诉讼程序，双方自行承担诉讼成本。

（三）案件意义与启示

尽管面临如此不利的局面，金诚同达和新加坡律师团队仍然想出“破局之法”，首先是在双方“剑拔弩张”的局面下，将诉讼转变为仲裁，增强双方和解的可能性，缓和局面；其次是在与上家谈判和解的同时，反制下家，刺破公司面纱，针对G公司实际控制人以诉讼的方式追回部分应收账款，最大限度地降低客户的损失。最终，两条线均朝着向好的方向发展，律师团队以自身最大的努力保护了客户的利益。本案对于企业在处理航运业务中常见的三方贸易争议有着重要借鉴意义，对企业交易风险防控方面有以下启示：

第一，要保障商业交易模式的规范性，做好内部合规审查。很多企业在商业合作时常常发生争议，甚至遭受重大损失的主要原因在于，这些企业以及其“前线作战”的商业精英往往在意的是“成交第一”，而忽略了合规的重要性，留下许多隐患。因此，在进行交易决策之前，要建立好交易管理、审批制度。对企业来说，在实施交易行为之前，对交易相对方及交易项目进行审查是企业预先防控风险的最重要的手段。建立完善的内部审批制度，可以防止决策失误、投资失控、员工内部欺诈、被投资方和合作方的外部欺诈、资金划拨差错、项目公司经营管理不善等绝大多数的风险。具体而言，企业在进行交易行为之前亦需要建立完善的管理、审批制度，对包括如本案中对交易企业的资信审查、项目的初步审查、项目的内部立项、对目标项目的尽职调查、投资决策、项目实施、投资项目的管理和项目的退出等业务环节在内的交易环节进行管理与审批。本案争议的发生实际就是两家公司没有做好交易合规、内部审查合规的结果。

第二，企业要重视保险的重要性，尤其是在国际贸易这样复杂、风险因素较多的交易中，更要时刻监测保险的时效性，及时续约，提高自身风险抵御能力。本案中，在G公司破产后，F公司购买的保险已经过期却没有及时续约，因而没有办法转嫁风险，此时贸易风险由F公司全部承担。

第三，商事争议解决不能仅停留于胜负层面，而要有长远的眼光。在航运业这种对信用要求严格的行业中，商业信誉是企业在此行业的立足之本。倘若双方在诉讼程序中争个“头破血流”、斗个“你死我活”，将会严重影响双方企业在行业中的商业信誉，进而影响到以后的业务开展。争议解决的目的不是谁胜谁负，而是以最有效的方式解决问题，以达成共赢为目标。企业应持长远战略眼光，以长期经营为目的，而不是追求个案的胜负。相较于诉讼这种会使双方争斗的争议解决方式，仲裁是更好的选择。正如上文所说，仲裁较为平和，有利于双方达成和解。因此，在争议发生后，律师团队第一时间建议F公司改诉讼为仲裁，可以说，这一操作将案件的争议解决引入了“正轨”。

第四，在进行商事争议解决时，要条理清晰，多线程作战，将企业损失降到最低。在进行诉讼策略的选择时，要全盘考虑，有全局观、大局观，不能盯死一隅，等问题浮现时再去解决，因为这样会被对方带入节奏、陷入被动局面，而一旦陷入被动局面，只能仓促应对。因此，企业在进行策略的选择时，一定要预先全盘考虑，主动出击，多线作战。本案中，F公司双线同时作战，一方面积极将诉讼改为仲裁，并不断谈判寻求和解；另一方面对G公司实际控制人直接起诉，积极追讨资金，并在此过程中通过另一线的谈判和Z公司联合起来反制G公司，增大胜诉可能性。正是由于F公司具有前瞻性的诉讼策略，双线推进又双线配合，打出了一套漂亮的“组合拳”，最终两线都大获成功。

本案例较为完整地展现了一个国际商事争议案件的全貌，对各企业有较大的借鉴意义，望各企业能引以为鉴，交易前加强和落实资信评估、落实内部合规审查、强化企业风险防控，交易中时刻监控风险、重视保险及时续约，交易后的争议解决以长远发展为目的、做好诉讼策略选择。

四、某中央企业与马来西亚物流公司海运纠纷二审胜诉

（一）案情简介

1. 基本事实

2011年8月，某中央企业与某泰国货代公司（以下简称货代公司）签订

货运合同，约定由货代公司负责某中央企业采购的钢材和水泥的集港、货运等事宜，某中央企业支付运费、港口费以及代理费。依据货运合同，2011 年 10 月，某中央企业向货代公司支付了全部货运的费用。其后，货代公司与一家马来西亚货运公司（以下简称货运公司）签订了租船合同，约定由货运公司所属船舶实际承运，货代公司支付货运公司运费。此前，货代公司一直作为货运公司持有的某船舶的船舶代理为其承揽业务。2011 年 9 月，基于货运公司以燃油费抵扣运费的承诺，货代公司为货运公司支付了燃油费。

2011 年 10 月，货运公司完成水泥和钢材装货后启航；2011 年 10 月中下旬，某中央企业经调查发现货船偏离了航线。某中央企业曾与货运公司进行多次谈判但均以未果告终，货运公司扣留了船舶上的货物，并以某中央企业未支付运费为由主张对某中央企业货物的留置权。

2. 处理过程

2012 年 9 月底，某中央企业从若干家律所中选择北京金诚同达律师事务所代理其与货运公司的海运纠纷一案。本案先后经历了一审原审、一审上诉审、一审重审，在一审重审中法院支持了货运公司的主张，判决公司败诉并赔偿货运公司损失；其后，我们协助某中央企业提起上诉，并在二审程序中调整抗辩思路重新梳理了证据，反败为胜。此后，货运公司提起再审，但被马来西亚联邦最高法院驳回。本案历经五次诉讼程序，最终获得胜利，某中央企业在我们的协助下顺利完成了胜诉后的执行程序。

（1）一审原审（驳回起诉）。

2013 年 3 月，某中央企业向马来西亚吉隆坡莎阿南高院法庭提交了诉状，要求货运公司返还货物并赔偿经济损失。货运公司主张货代公司作为某中央企业的货运代理负责其货物集港、货运等事宜，某中央企业作为货代公司的委托人，应在委托权限范围内承担运费并负责赔偿相应损失，且货运公司有权要求留置货物并要求某中央企业赔偿其损失。

2014 年 8 月，一审原审法院未对案件进行实体审理，仅以双方诉由不合理为由，通过程序性裁定同时驳回了双方的诉求。

（2）一审上诉审（发回重审）。

针对一审原审，双方均提起上诉。2015 年 3 月，上诉法院开庭审理后，裁定将案件分配给吉隆坡海事高等法院重新审理，以确定案件的争议焦点并进行裁决。

（3）一审重审（败诉）。

2015 年 12 月，吉隆坡海事高等法院法官作出裁决，驳回了某中央企业的主张，支持货运公司对货物留置权的主张，判决某中央企业支付货运公司运费及留置费用等费用。

法官在裁决中认定货代公司是某中央企业的代理，货代公司依据某中央企业的授权/委托与货运公司签订了租船合同，并且依据某中央企业的默示授权为货运公司垫付了燃油费。虽然某中央企业已经向货代公司支付了运费，但是由于货运公司没有收到运费，货运公司作为承运人有权依据租船合同的约定主张对某中央企业货物行使留置权。

（4）二审（胜诉）。

败诉后，某中央企业再次于 2016 年 1 月 4 日向吉隆坡海事高等法院提起上诉。历经多次开庭审理，2017 年 4 月 18 日，本案上诉法庭作出终裁，撤销了原审并支持了公司的诉讼请求，判决货运公司将货物归还给某中央企业，并支付损失赔偿。

（5）再审申请（驳回）。

二审判决后货运公司可以在一个月内向马来西亚联邦最高法院上诉，申请再审。但是，此种类型的上诉需要向联邦法院证明存在之前诉讼程序中未解决的法律问题，并获得联邦最高法院的许可：只有获得许可后才能提起正式上诉。由于很难证明本案中存在未解决的法律问题，货运公司其后虽提起再审申请，但最终被法院驳回。

3. 最终结果

在二审中，法官支持了某中央企业的全部诉求，并作出如下判决：

（1）宣布撤销原审判决；

（2）货运公司将钢材归还给公司，具体条件由双方协商；

（3）货运公司赔付货物损失；

（4）法庭允许某中央企业主张损失赔偿，货运公司应当赔偿某中央企业经过评估的其他损失；

（5）货运公司向某中央企业支付诉讼费用并返还某中央企业上诉押金。

（二）法律分析

2013 年 3 月，某中央企业向马来西亚吉隆坡莎阿南高院法庭提交了诉状，要求货运公司返还货物并赔偿经济损失。某中央企业的诉讼主张为：（1）货代公司是某中央企业的承运人，而非某中央企业的代理；（2）货代公司已经通过支付燃油费的方式支付了货运公司运费；（3）货运公司非法侵占某中央企业货物，应当予以返还。货运公司的诉讼主张为：（1）货代公司是某中央企业的代理，某中央企业通过其代理与货运公司形成了事实上的委托与承运关系；（2）由于某中央企业及其代理未及时支付运费，货运公司有权留置某中央企业货物；（3）主张赔偿修船费用以及留置货物仓储费用。

综上，本案争议焦点是货运公司是否可以基于承运人的身份，对某中央企业的货物享有合法的留置权。因此，在原审到上诉程序中，我们的律师团队主要从货代公司与某中央企业的法律关系及其身份（代理人/承运人）入手分析，得出货运公司扣押某中央企业货物的行为属于非法侵占而非合法留置的结论，并最终获得了法院的支持。

结合我们的诉讼主张和对方的抗辩内容，以及一审法官在判决中的不合理之处，我们的律师团队集中力量主要做了如下三个层级的论证。

1. 货代公司不是某中央企业的代理而是真正的承运人

（1）货代公司不是某中央企业的代理。

本案中货代公司在协助租船过程中确实起到了穿针引线的作用，货运公司提交的证据表明其在推荐承运货船的过程中多次组织某中央企业与货运公司会面，相关邮件往来也均抄送了某中央企业，确认承运货船也经过了某中央企业的确认。前述事实容易让法官推定货代公司是某中央企业的代理，受某中央企业委托负责洽谈租船和货运事宜。

但是，律师团队通过梳理各方签署文件和书面往来，收集了充分的证据证明货代公司早期已经接受货运公司的委托成为货运公司持有的承运货船的船代。此后，货代公司一直以船舶代理的身份为货运公司承揽业务。依据货运合同的约定，货代公司负有租赁适格的船舶承运某中央企业货物的义务，某中央企业本身享有核实承运货船是否适航的权利，且货代公司作为船代积极推荐其代理的船舶本身是符合商业逻辑的，某中央企业在查验货船过程中与实际持有货船的货运公司会面也无可厚非。

经过前述举证与论证，我们成功地证明了货代公司并非以某中央企业代理身份与货运公司签署货运合同。

（2）货代公司与某中央企业签订的合同及履约过程表明货代公司为某中央企业认可的承运人。

一审判决中，法官认为某中央企业提交的其与货代公司签署的货运合同签署日期在租船合同签署之前，且与租船合同存在不一致，有伪造的嫌疑，并结合重要证人未能出庭作证的事实，由此做出了对某中央企业不利的推断。同时，法官依据货运公司提交的其与货代公司签署的租船合同中显示的“某中央企业为货代公司的委托人（Principle）”字样，认定了货代公司的代理人身份。我们认为一审法官的判决违反了程序正义原则，其分析过程过于简单，在没有考虑合同目的和谈判过程的情况下，罔顾合同文本背后的真实商业意图，仅依据合同文本存在的所谓“不合理”内容就直接否认了合同的效力，缺乏法律和事实依据。

首先，一审法官主动替货运公司提出主张并进行分析，并最终否定合同法律效力的行为违反了基本的程序正义原则。其次，一审法官的裁判标准不一致。在考虑租船合同时，法官既考虑了合同本身，又考虑了合同的履行过程。但是在考虑货运合同时，法官仅对合同本身的合理性进行了分析而并未考虑合同的目的、谈判过程和履行情况。法官采取了双重裁判标准，同样违反了基本的程序正义原则。最后，一审法官应该注意到两份合同的主体、性质和主要权利义务均不相同，二者之间并不存在非此即彼的关系，反而内在联系，但是法官未给予足够重视。因此，法官以一合同内容的不合理为由即否定其法律效力而转依另一合同（尤其是某中央企业并非租船合同一方）认定某中央企业与货运公司之间法律关系的性质，不能被认为裁决的理由充分。

二审中，我们针对一审法院判决中的问题重新梳理了证据并从商业意图、合同履行情况等方面进行了积极抗辩，说服法官不应因为货运合同和租船合同存在不一致就否定货运合同的效力。货代公司成为货运公司的船代之后，在为其承揽业务期间与某中央企业签订了货运合同，该合同约定了承运船舶为货船，并且约定了装船时间、卸货港、运费支付等货运合同常见条款。某中央企业在先签署货运合同的本意是希望货代公司独立与货运公司签署租船合同，其商业意图是真实的、合理的，货运合同签订后，双方一直依约履行合同义务。货代公司依约安排船舶承运某中央企业的货船，某中央企业也已经将运费支付给了货代公司。从货代公司与某中央企业的合同签订情况与实际履行情况来看，货代公司与某中央企业建立了承运关系，其为某中央企业认可的承运人。

2. 货运公司已经足额收取了运费

一审判决中，法官并未分析某中央企业主张燃油费抵扣运费的问题及相关证据。二审中，我们重新梳理了证据进行了论证。

依据货代公司与货运公司的合同，货代公司负责将运费支付给货运公司。但是，货运公司在电子邮件往来中表明希望由货代公司为其支付油费，并以油费抵扣运费。基于货运公司的要求，货代公司实际为货运公司支付了油费。因此，即使租船合同中明确约定运费不可抵扣，货代公司和货运公司也已经通过邮件确认的方式达成了新的合意，实质上修改了租船合同中关于运费不可抵扣的约定。并且，货代公司给货运公司的供油发票上也均标注了“从运费中抵扣”，货运公司未表示异议。由此可以证明，货代公司以支付油费的方式抵扣了运费，货运公司已经足额收取了运费。

此后，货运公司在偏离航线并扣押货物后主张运费未付，并且主张运费不可以其他费用抵扣，事实上从反面进一步确认了双方对原合同条款的修改合意和运费已付的事实。另外，根据“禁止反言”原则，该主张也不应该得到支持。因此，二审法院最终未支持货运公司关于运费未付的主张。

3. 货运公司行使留置权毫无依据，其恶意扣货的行为属于侵权行为

一审中，法官并未针对货运公司行使留置权的合法性进行分析，而径行基于租船合同违约判断货运公司有权依据租船合同对某中央企业货物行使留置权且某中央企业应当支付运费。

我们认为一审法官的判决是缺乏法律依据的，因为租船合同仅规定了行使留置权时留置对象的范围，并没有规定行使留置权的前提条件，该条款本

身不能构成货运公司享有合法留置权的法律依据。在二审中，我们积极从行使留置权的前提条件、行使留置权时的减损义务等方面着重进行了举证与论证。

（1）货运公司没有行使留置权的权利。

在运费已付的前提下，我们进一步收集证据证明货运公司提供的货船在起航第一天即抛锚，根本不适航，并且偏离航线，未依约将货物运至目的港。货运公司自始至终未依约履行合同约定的承运义务，不具备行使留置权的前提条件。

（2）货运公司扣押某中央企业货物的行为属于非法侵占。

货运公司在刚离港即出现不适航状况时，不选择更为合理的减小损失方案（如返航或者与货主协商处理方式），而是将船舶最终开到约定航线外的第三地（马来西亚）的港口，并将货物卸载后存放于沿海露天的仓库中。此外，货运公司还主动关闭了船舶的 AIS 信号系统，严重违反了海事规则。

综上所述，我们认为货运公司非法扣押了某中央企业的货物，已经构成了侵权，其私自离开航线并扣押货物的行为进一步扩大了损失并直接导致了争议。

（3）货运公司在卸货过程中存在走私行为。

在发现船舶偏航后，某中央企业获得了警方的协助，并追踪到船舶以及货物的位置为马来西亚港口。我们认为货运公司在未办理入港手续的情形下进入马来西亚港口的行为属于走私，严重违反进出口法律法规。

（4）裁决某中央企业支付运费后提取货物的裁决违反了基本的公平原则。

一审法官在货物未到达目的港且已经严重损毁的情况下要求某中央企业提取货物，实质上是将额外的运输成本或者货物变现成本强加给了某中央企业一方。同时，一审法官在裁定货损责任分担时也违反了公平原则。其未考虑货运公司应该承担的货损责任，尤其是在扩大货损方面的责任。

基于前述论证，我们成功说服法官在货运公司未实际履行承运义务，且在出现货损的情形下未采取合理措施减少货物损失，其不具备主张运费的法律基础。最终二审法院判决撤销了一审法院的上述判决，并判决货运公司赔偿某中央企业货物损失及其他相关损失。

综上所述，货运公司提出的行使留置权的主张不应该得到支持。因货运公司非法侵占某中央企业的货物而产生的各种损失应当由货运公司承担，尤其是卸货和仓储等费用更应该由货运公司承担。

（三）案件意义与启示

综观本案，从一审原审、上诉审、发回重审到二审终审及再审程序，整个案件历时 6 年，其间峰回路转，正是律师团队注重总结法官和诉讼对手的关键辩诉点和逻辑，着眼于从根本的法律关系上破解诉讼对手的诉讼逻辑，瓦解其根基，从而获得了最终的胜诉。同时，律师团队还注重诉讼证据的组织，即使是同一组诉讼证据，如果组织得当，也可以成为辩诉逻辑的强有力支撑。

首先，我们依据证据和货运公司的事实行为分析货运公司与某中央企业不具有委托与承运的直接合同关系，且货运公司在本次货物运输中的角色不是某中央企业的承运人；其次，即使第一个抗辩观点被推翻，货运公司也已经从某中央企业的承运人货代公司处获得了运费，其无理由与法律基础继续向货代公司或者某中央企业主张运费；最后，由于货运公司不符合主张货物留置权的前提条件，其私自更改航线，甚至非法停靠马来西亚港口的行为属于非法扣留和侵占货物，而非一审法官所认定的合法留置。

我们认为本案能扭转败局的关键点在于：（1）律师团队坚持主攻货运公司存在物权侵权而没有陷入对方的合同违约争论体系中；（2）在一审败诉后，货运公司试图运用程序技术打击某中央企业诉讼信心时，某中央企业和律师团队坚持必胜信念，坚持提起了上诉；（3）适时针对一审法官判决思路中出现的主要问题进行了梳理，在不偏离既定策略的基础上根据情况灵活组织了证据材料，做到所有主张均有理有据，逐一击破一审法官认为货运公司享有合法留置权的事实及法律基础；（4）注重与马来西亚当地律师的合作，本案争议解决地在马来西亚，因此我们的跨国律师团队需要就客户访谈、证据收集、抗辩思路构建，以及诉讼文书起草等诉讼程序的各个环节与其密切配合。

本案时间跨度长且一审结果对客户不利。在已有不利判决的情况下坚持长期诉讼面临着较大风险，同时表达诉求的空间也受到程序限制，再加上双方从法律关系的定性开始就有很大分歧，诉讼中对抗颇为激烈，这些对客户的信心和律师的总结应变能力是一次考验。

基于处理本案的6年中不断总结得到的经验和心得，我们对中国企业应对处理此类跨境争议案件提出如下建议。

1. 外国法院诉讼道阻且长，客户和中外律师要坚定信念，并肩作战

随着“一带一路”倡议的推进，越来越多的中国企业响应“走出去”的号召，参与国际投资与贸易。随着贸易额的逐年增长，中国企业与“一带一路”国家当事人的纠纷也逐渐增多。这些国家多是新兴经济体或发展中国家，中国企业对其法律规定不太熟悉，信息不对称加大了争议解决的风险，以至于发生纠纷后救济难度往往很高。

本案中的某中央企业面对的正是难度颇高的境外诉讼。相较于运行制度较为成熟、适用规则较为统一的国际仲裁，境外诉讼的程序和实体法律更具特殊性，并且程序冗长，十分考验客户的耐心。更为重要的是，由于涉及司法主权问题，大多数国家要求出庭诉讼必须具有本国出庭资格，海外诉讼必须选聘境外律师。这便要求企业一开始就选定合适的境外律师，并在之后的事实证据搜集、法律抗辩思路构建等问题上和中外律师进行充分沟通，以实现对案件的良好管理。在长达6年的漫长诉讼过程中，我们一开始便通过丰富的国际资源协助客户选定了合适的境外律师，在之后的证据收集和法律诉求中，我们帮助客户跨越文化和语言的障碍，在各个诉讼阶段，尤其是在案情出现重大变化时与马来西亚律师深入沟通，并主导了新的抗辩思路的梳理和设计，充分发挥中马双方律师的优势，不仅使诉讼最终收获圆满结果，还帮助客户充分把握案件的走向，满足了客户作为央企对案件内部管理上的严格要求，这对广大国企应对跨境纠纷也具有很重要的借鉴意义。

2. 合理组织证据，厘清法律关系，呈现原本事实

如前所述，在技术层面上，本案具有重要借鉴意义。纠纷解决地马来西亚是前英国殖民地，其法律制度属于英美法系，其在程序法上对事实的呈现和我国不同，这一点尤其体现在证据和证人准备方面。证据的准备方面，普

通法系国家的诉讼以及国际仲裁中，证据的提交与证人结合度非常高，因此证据的组织和证人证言非常重要。

证据组织的重要性主要在于法官或仲裁员需要依据争议背后“完整的故事”来了解案件的来龙去脉，以及争议双方行为的商业逻辑，只有基于此才能更加准确地进行法律分析和裁定。但是，商业实践中企业的业务往来信函、邮件往往比较简短，只反映事情的某一方面，无法反映事情的全貌；商业交易中除了第一次签合同的时候会详细描述交易背景和商业意图，后面的往来文件可能比较简洁。因此，在境外诉讼中必须由律师按照辩诉逻辑重新整合所有证据，以完善的证据链作为诉点的支撑，把“故事”讲明白。这就是证据组织对诉讼胜利的关键作用。

在本案的二审程序中，律师团队及时总结法官和对方律师的论辩逻辑，根据法律规定有针对性地组织和解读证据，从承运人身份、留置权行使前提条件上入手，从证据文件和先前判决中抽丝剥茧，重新梳理证据以支持诉点，彻底瓦解了对方的抗辩逻辑，从而使法官对法律关系的定性重回正轨，发现了对方的侵权事实并最终做出对我方有利的判决。而这些都基于客户对证据材料的完整保存和律师的严密组织，彰显了良好的企业管理和有技巧的事实呈现在境外诉讼中的巨大作用。

3. 中国律师协助中国企业更好地“走出去”，应对海外投资风险

本案极大地增强了国内客户境外诉讼的信心，更在深层次上展现了中国律师在护航中国企业“走出去”过程中的成长与角色转变。本案中中国律师主导了诉讼的全过程，不仅在证据收集等事实环节和客户无缝对接，还在实体法律的抗辩上制定了沉稳又不失灵活性的诉讼策略，可谓案件处理过程中的主心骨，这样的地位来之不易。涉外法律服务市场在多年前还是境外律师的“天下”，中国律师大多时候只能起到辅助作用。但随着中国企业全球化发展的深入，越来越多的中国律师在理论学习和实践历练中成长，突破了语言、知识和文化上的障碍，摆脱了翻译机器和传声筒的刻板印象，成长为案件的管理者。

一方面，中国律师有天然优势，可以凭借对客户商业需求和行事逻辑的精准理解，一次次讲好“中国故事”，在一些领域提供了质量高于外国同行

的法律服务。另一方面，中国律师可以协助客户筛选、对接境外律师，同时合理把控境外律师的工作质量，甚至可以基于对国际规则的掌握主导诉讼思路的设计，法域在技术上已不必然是中国律师参与案件的屏障。

在境外诉讼这一细分市场，随着现代国际贸易与投资规则的日臻完善，各国家和地区规定也逐渐趋于统一。虽然外国律师在境外诉讼中仍然必不可少，但是熟悉国际规则的中国律师不应仅满足于帮助客户找到一位优秀外国律师的中介角色，而要当仁不让地成为整个案件的组织者、协调者甚至领导者。中国律师已经具备了指导客户做正确事情的能力，而不再是仅仅告诉客户哪些事情不能做。随着越来越多的中国企业把中国律师作为首选，涉外争议解决法律服务这片“蓝海”未来可期。

4. 交易中未雨绸缪降低风险，纠纷时果断出击及时止损

如前文提到的，中国企业在“一带一路”沿线的新兴经济体进行贸易活动，常常因信息不对称而产生纠纷，甚至遭受损失。为了防控交易风险，中国企业在交易成本允许的范围内要对交易对手做尽量全面的背景调查，在合同谈判中根据律师或法务意见，约定严密、高效、易执行的争议解决条款，善用仲裁等替代性纠纷解决从而避免沉重的讼累，在交易过程中则要时刻关注交易参与方的动向。本案中，某中央企业正是因为保持对承运人动向的关注，才在第一时间发现了异常情形并及时采取措施，同时为日后诉讼留下了承运人非法扣押和违反海事规则的重要证据。

有时纠纷在所难免，因此要尽早咨询律师，拟定救济方案。有些企业因为担忧跨境诉讼中外国法院存在地方保护或是担心不熟悉当地司法制度而默默承受损失或是逃避不进行应诉，也有企业没有听取律师意见，未认真评估成本和收益盲目起诉，在付出高额的费用之后空手而归甚至损失惨重，这些都不是应对纠纷的最佳途径。以往中国企业大多是在国外被诉后才考虑是否为了保住国外市场而进行应诉，较少坐到原告席上维护权利，但近年来这一趋势明显扭转，越来越多的中国企业选择主动起诉主张自己的权利。从中国国际货运代理协会成功通过境外反垄断诉讼索赔，到 TCL、多家钢铁企业“337 调查”获得圆满结果赢得海外市场，中国企业开始越来越多地借助中国律师越来越成熟的涉外法律服务能力，主动地利用国外司法程序维护自己的

权利，本案中中国企业主动起诉便是又一个典型案例。如果没有客户积极、主动地参与和不懈坚持，案件最终的走向可能很难想象。这些先例都说明，在涉外法律纠纷中，中国企业在必要时可以主动出击，以最大限度地挽回损失。

五、大连港港存铁矿石系列纠纷案

（一）案情简介

2012 年 1 月 5 日，大连港矿石码头公司（以下简称码头公司）与沈阳东方钢铁有限公司（以下简称东方公司）签订《委托港口作业合同》，约定由东方公司委托码头公司对东方公司、鸡西北方制钢有限公司（以下简称鸡西公司）进口铁矿石进行装卸、堆存作业，如东方公司未及时结清费用，码头公司对港存货物享有相应留置权。

2010 年 7 月 28 日 ~2013 年 7 月 4 日，东方公司的代理人大连中铁外服国际货运代理有限公司与码头公司签订 12 份《港口作业合同》，由东方公司委托码头公司对进口矿石进行装卸作业，收货人为鸡西公司，港存货物共计约 72.9 万吨。

2013 年 1 月 1 日，码头公司与中国铁路物资哈尔滨有限公司（以下简称中铁公司）签订《仓储合同》，约定中铁公司 2013 年在码头公司存放进出口铁矿，货物所有权人为中铁公司，中铁公司有权随时提走存放的铁矿；中铁公司货物进入码头公司仓库后，码头公司应向中铁公司出具入库证明；码头公司必须根据盖有中铁公司出库专用章的提货单及指定负责人签字并电话确认后办理出库。

2013 年 3 ~7 月，东方公司向码头公司出具 26 份过户证明，将港存 671 691 吨货物过户给中铁公司。同时，码头公司向中铁公司出具相应的 26 份入库证明。2013 年 8 月 31 日，码头公司向中铁公司出具库存证明，证明中铁公司在码头公司存放 671 691 吨货物。

2013 年 7 月 ~2014 年 4 月，因东方公司原法定代表人涉嫌合同诈骗，东方公司拖欠银行贷款以及与其他企业存在其他经济纠纷等，诸多债权人向公安机关报案或向法院起诉东方公司并申请财产保全。港存 67 万多吨货物被多家法院及公安机关采取财产保全措施。

中铁公司、中化国际（控股）股份有限公司（以下简称中化公司）、荷兰合作银行香港分行（以下简称荷兰银行）、秦皇岛太行贸易有限公司（以下简称太行公司）等分别向查封法院及公安机关提出异议，主张部分查封货物不属于东方公司，请求解除查封措施。同时，中化公司、太行公司向大连海事法院提起诉讼，要求码头公司交付其持有的提货单项下货物。中铁公司则向码头公司发函，主张中化公司、太行公司请求交付的货物系其所有，要求码头公司不得交付，否则将违反《仓储合同》约定。此外，中铁公司还向大连海事法院、辽宁省高级人民法院提起错误保全诉讼，以码头公司在协助查封时未如实告知货物系中铁公司所有为由，要求财产保全申请人与码头公司承担连带赔偿责任。

针对中化公司诉码头公司的港口货物保管合同纠纷，大连海事法院于2018年3月28日作出（2015）大海商初字第487号民事判决书，认定中铁公司与码头公司之间成立仓储合同关系，码头公司出具的入库证明应当认定为仓单。中化公司已经获得生效法院判决确认其对案涉货物具有所有权；同时作为提货单持有人享有提货权，在提货单持有人与仓单持有人不一致的情况下，码头公司作为保管人应当依据货物所有权人中化公司的要求向其交付涉案货物。2018年11月23日，辽宁省高级人民法院作出（2018）辽民终462号民事判决书，认为一审判决认定事实清楚，适用法律正确，维持原判。2019年12月2日，最高人民法院作出（2019）最高法民申3187号民事裁定书，认定原审判决判令码头公司向货物所有权人中化公司交付案涉货物并无不当，进而驳回了中铁公司的再审申请。

针对中铁公司起诉沈阳农村商业银行股份有限公司（以下简称沈阳农商行）以及码头公司的因申请诉前财产保全责任纠纷案，辽宁省高级人民法院于2019年6月25日作出（2016）辽民初65号民事判决书，认定：在中铁公司提交财产保全异议申请书及相关证据但沈阳农商行仍明确不同意解除查封时，沈阳农商行的主观形态从未尽到审慎的注意义务转变为故意的主观过错，应当对中铁公司的案涉货物被错误查封所造成的财产损失承担赔偿责任。但中铁公司无证据证明码头公司故意隐瞒案涉货物已经销售并过户给中铁公司的事实存在，码头公司对相关查封事实的发生不存在主观过错，不应承担过错赔偿责任。2019 年 12 月 30 日，最高人民法院作出（2019）最高法民终 1856 号民事判决书，认为一审法院认定沈阳农商行未尽到审慎注意义务而应承担赔偿责任，并无不当；同时，中铁公司没有证据证明其或者一审法院在保全前后询问码头公司相关事实，不能证明码头公司具有过错，一审法院对于中铁公司请求码头公司承担赔偿责任不予支持并无不当，最终驳回沈阳农商行的上诉，维持原判。

（二）应诉策略

1. 码头公司应该如何交付货物

《海商法》第 71 条规定，提单是承运人保证据以交付货物的单证。航运实践中，为提取货物，收货人需要将其持有的正本提单交还给船代，以换取提货单（delivery order）。收货人持提货单办理完相关的海关、商检等手续后，再凭借提货单向港口主张提取货物。同时，收货人也会以货物所有权人的身份与港口经营人签订仓储合同或港口货物保管合同，委托港口保管其进口的货物并根据其指示放货。

在涉案纠纷中，东方公司作为货物进口方理应在完成货物进口手续后将货物以内贸货的形式转售给中铁公司，并将货物提货单交付给码头公司。码头公司在收到提货单后，再根据仓储合同项下中铁公司的指示交付货物。但是，由于东方公司资金链断裂，案涉货物的提货单未能正常流转至东方公司，而是由中化公司持有。中化公司凭借提货单以及证明其享有货物所有权的生效判决书要求码头公司交付货物。但是，因码头公司与中铁公司签署了年度仓储合同并出具了入库证明，码头公司同样负有向中铁公司交付货物的合同义务。因此，本案的核心焦点在于当提货单权利人与仓单持有人分离时，港口经营人向谁交付货物的问题。在没有法院生效判决的情况下，码头公司如擅自向提货单持有人或仓单持有人交付货物，可能遭受索赔。同时，虽然中化公司主张其持有生效法院判决确认其享有货物所有权，但是中铁公司也针对该生效判决提起了撤销之诉，码头公司作为仓储方无法判断货物所有权的最终归属。因此，码头公司只能选择根据生效法院判决来交付货物，以尽可能规避错误交付的风险。大连海事法院一审判决认为进口货物提货人应当提供仓单和提货单提取货物，但因取得提货单的是中化公司，持有仓单的是中铁公司，港口货物保管合同无法继续履行。在此前提下，码头公司应当依据货物所有人的要求将货物交付给中化公司。最终，中化公司根据生效判决在支付了相关港口费用后提取了涉案货物，中铁公司也未提出任何仓储合同项下的索赔。

2. 谁有义务来核实法院查封是否已经解除

因案涉货物存在多达 12 家法院或公安机关的查封，码头公司如擅自交付货物，可能涉嫌违反法定协助义务，侵犯财产保全申请人的权利。由于不同查封机关对于查封货物的范围、标的额、查封时间等各不相同且存在诸多轮候查封，中化公司与码头公司对部分法院查封是否仍有效存在较大争议。码头公司认为其仅是协助执行人，没有权利和义务判断法院查封的效力，只能根据法院送达的查封和解封协助执行文件作为最终判断依据。而中化公司认为码头公司有义务明确相关法院查封的效力。大连海事法院最终认定货物所有权人应当就查封事宜向相关法院核实并采取相应法律措施。

3. 码头公司作为协助执行人应如何规避风险

《民事诉讼法》规定：人民法院决定扣押、冻结、划拨、变价财产，应当作出裁定，并发出协助执行通知书，有关单位必须办理。根据以上法律规定，有关单位在财产保全、民事执行等程序中必须履行相关的协助义务。在涉案纠纷中，虽然码头公司没有识别货物所有权人的法定义务，但是因其曾向中铁公司出具入库证明，中铁公司认为码头公司没有向查封法院澄清货物权属关系，进而导致了货物被错误查封。事实上，在查封法院送达协助查封手续时，码头公司曾向法院解释了货物的进口、过户和仓储等关系，但因没有采取询问笔录或其他书面形式而产生了一定的法律风险。此外，在存在法院轮候查封的情况下，码头公司对轮候查封的性质以及生效时间等问题没有充分认识，未能及时以书面形式将前序查封情况告知后续查封法院，从而导致在判断法院查封效力时产生较大的争议。

（三）案件意义与启示

在保管合同或仓储合同无法继续履行时，仓储人应将货物交付给货物所有权人。从中化公司与码头公司的港口货物保管合同纠纷案来看，最高人民法院已经明确仓储人向货物所有权人交付货物并无不当，切实维护了进口货物实际所有权人的物权，避免了港口经营人交付货物的不确定状态，促进了国际贸易的顺畅有序发展，为营造诚实信用的营商环境提供了良好的指引作用。

履行法定协助执行义务的同时，要善于规避自身风险。协助执行人虽然依法负有法定协助义务，但是仍应善于分析和识别协助执行的内容、范围以及具体要求等。如果协助执行的内容与事实情况不符或者存在前序查封等情况，应及时将相关事实以书面形式反馈给相关查封机关。这样既有利于相关查封机关准确分析货物权属情况，又可以有效避免协助执行人自身的风险。

在相关权利人提出异议的情况下，财产保全申请人仍坚持保全措施时需格外谨慎。财产保全申请人在申请财产保全时往往只需要尽到合理审慎义务，仅需要向法院提交初步证据证明保全财产属于被申请人所有。但是在相关权利人提出异议并提交相关证据后，财产保全申请人应慎重对待和判断货物权属关系。如果盲目地坚持继续采取保全措施，财产保全申请人的主观形态将会被认定为从未尽到审慎的注意义务转变为故意的主观过错，进而承担错误查封的赔偿责任。

六、印度铁矿石买卖合同纠纷案

（一）案情简介

1. 争议事实经过

一家印度的经纪人公司促成中资贸易公司作为买方与印度卖方签订了一份国际货物买卖合同，由卖方向买方出售约3万吨原产地为印度的铁矿粉，贸易条件为船上交货（指定装运港）（FOB）印度港口，付款方式为信用证，按吨计价，货物的单价基于铁品位进行调整，若低于58%，则买方有权拒收。合同进一步约定，卖方应在装货港委托检验人进行检验，并就货物的品质签发品质证书，卖方可依据装货港的品质证书所证明的铁品位通过信用证向买方收取98%的货款；在卸货港，出入境检验检疫局（CIQ）应对货物进行取样和检验，并提取三份货物样品进行封存，买卖双方各执一份，另一份留待公断人检验（umpire analysis）；CIQ的卸港品质检验结果为最终结果，对双方均有约束力，除非装港检验人检验结果和卸港CIQ检验结果的铁品位差异超过0.5%。在这种情况下，双方应进行协商，协商不成的，则由双方共同指定的公断人就CIQ的封存样本进行检验，公断人检验的结果为最终结果；若未在卸货港对货物进行检验，则装货港检验人的检验结果为最终结果；货款将根据卸货后有约束力的检验结果进行最终结算。

买方承租了一艘散货船，将货物从印度运至中国卸载。装港检验结果显示铁品位为58.57%，CIQ在卸港的检验结果则是55.8%，低于合同约定的拒收值，但卖方拒绝承认卸港CIQ报告的真实性。买方显然对铁品位不满意，将CIQ报告发送给卖方的同时建议联合检验或者公断人检验。在争议产生后，双方进行了协商，达成的初步和解方案是由卖方在半个月内将大约30%的货款退还给买方，但该和解方案并未注明是全部和最终的和解。最终卖方退还了25%的货款作为部分和解款，但买方不接受，要求按照和解协议的约定，依据合同条款赔偿损失。同时，买方主张拒收货物，但为了降低损失，其通过其在境内注册的关联公司将货物转售给了一家中国公司。

买方依据合同中的仲裁条款将争议提交至新加坡国际仲裁中心，通过仲裁的方式解决，案件由仲裁中心指定的独任仲裁员进行审理。买方向卖方索赔因货物品质低于拒收值而产生的损失，卖方则提出反索赔，要求买方支付剩余货款，并退还已收取的和解款。根据合同中的法律适用条款，双方的实体争议适用英国法解决。

2. 争议焦点

仲裁庭首先被要求解决自己的管辖权问题，即第一，和解协议是否解决了买方的质量索赔，若争议已解决，不能再提交仲裁；第二，在买方提交仲裁前并未满足合同中约定的协商前置条款。

双方在仲裁程序中共同确定的，并提请仲裁员裁决的实体争议点如下，其中大部分来自卖方提出的抗辩理由：

（1）货物品质是否低于58%的拒收值；

（2）若货物品质低于58%的拒收值，在未进行公断人检验的情况下，买方是否有权拒收货物，以及买方是否实际行使了拒收权；

（3）双方是否就在卸港重新检验达成了一致意见；

（4）CIQ是否在卸港按照合同的要求进行了检验；

（5）CIQ的检验结果是否真实；

（6）若CIQ在卸港按照合同的要求进行了检验，检验结果是否被篡改过，不能证明货物的真实品质；

（7）在公断人检验的问题上，卖方是否构成弃权；

（8）印度经纪人在案涉交易中是否代表买方；

（9）买方是否构成误述（misrepresentation），并通过印度经纪人“诱导”卖方达成和解协议；

（10）印度经纪人是否曾提出买方接受卖方退还25%的货款即可达成全部和最终的和解，以及该行为是否约束买方；

（11）买方是否有权以卖方违反和解协议为由，要求卖方按照合同条款赔偿损失；

（12）买方是否与印度经纪人构成共谋（conspiracy），诱导卖方相信货物低于拒收值，和解是卖方的合理选择；

（13）在货物品质不达标的问题上，买方和印度经纪人是否构成欺诈性误述（fraudulent misrepresentation）；

（14）在将货物转售给一家中国公司的问题上，买方是否构成卖方的紧急代理人（agent of necessity）；

（15）买方是否履行了减损义务；

（16）货物是否确实被转售；

（17）买方为何通过其在境内注册的关联公司，以及该关联公司在交易中的身份应如何确定；

（18）在货物品质不满足合同要求，或者买方拒收并转售货物的情况下，买方的损失应如何计算；

（19）买方是否有权向卖方收取装港的滞期费；

（20）若买方与印度经纪人构成共谋，买方的损失应如何计算；

（21）若买方与印度经纪人构成欺诈性误述，买方的损失应如何计算；

（22）若买方构成欺诈，欺诈性误述和共谋，买方是否应该向卖方支付惩罚性赔偿（punitive damage）；

（23）买方在仲裁程序中是否有不公正或欺诈性的行为，仲裁庭是否可依据污手原则（unclean hands doctrine）驳回买方的仲裁请求。

3. 仲裁程序和裁决

从以上争议焦点不难看出，争议的事实问题和法律问题比较复杂。仲裁程序的进行可以称得上是曲折和旷日持久，包括了文件披露、回答书面质询（answers to the interrogatories）、文书控辩的修改（amendments to pleadings）、6 份证人证言以及 3 次共 10 日的开庭，自启动仲裁至仲裁庭作出裁决，历经 3 年零 2 个月。我们在该案中代表买方，最终仲裁庭支持了买方的索赔，裁决卖方赔偿损失，并承担仲裁费用和买方的律师费，而卖方的反索赔被全部驳回。

第一，裁决认可了 CIQ 报告的效力，卖方据称的欺诈、变造以及对真实性的质疑不成立。在卖方质疑 CIQ 报告真实性的情况下，买方原则上要提交原件供卖方核对。虽然买方未提交原件，但是仲裁庭接受买方证人证言的解释，原因是原件已经邮寄给了卖方。此外，买方提交了一份 CIQ 报告的副本原件，内容与正本一致，因此仲裁庭确认 CIQ 报告的证明力。

第二，未进行公断人检验是不争的事实，仲裁员认为依据合同的规定，CIQ 报告对双方是最终且有约束力的，除非卖方能够证明：（1）双方同意以重新取样和检验替代公断人检验；（2）未进行公断人检验归责于买方的行为。双方提供的证据显示，卖方反复提出的要求是重新取样，但被买方拒绝，买方认为只能由双方同意的公断人对 CIQ 的封存样本进行检验。并且，买方提议由一家英国公司作为公断人，而卖方却坚持重新取样，未提名任何替代的公断人人选。因此，仲裁员认为卖方未完成相应的举证责任，CIQ 报告的结论是最终且对双方均有约束力。此外，仲裁员亦认为卖方放弃了进行公断人检验的权利，原因是卖方明知有该项权利，但在相当长的时间内未行使。买方据此可依据 CIQ 报告确定的 55.8% 铁品位拒收货物。

第三，关于买方是否欺诈性误述，诱导卖方达成了和解协议，卖方的执行董事提交了证人证言，并出庭作证。但仲裁员不认为买方构成误述，并且不接受卖方执行董事提出的每天接到经印度经纪人数量众多的电话是一种精神上的胁迫的说法。仲裁员认为这是卖方执行董事的空想，从他开庭的表现可以推断出，他不是那种接了很多电话就会感受到精神压力而轻易让步的人。

第四，裁决确认买方实际行使了货物拒收权，理由是：在仅收到部分和解款后，买方立即通过律师要求卖方提出新的和解方案，否则将行使拒收权，并作为卖方的紧急代理人出售货物。但当时的情况并不紧急，而且买方能够直接与卖方进行沟通，所以在将货物转售给一家中国公司的问题上，买方不构成卖方的紧急代理人。那么买方将货物转售给一家中国公司的行为应如何认定？拒收的效力是货权转移回卖方，买方转售卖方货物的行为是否合法？买方提出的理由是其仍是货物的受寄托人（bailee）。仲裁员接受了该观点，他认为卖方在其货物被拒收后的 3 个月内未作出任何将提取或处理货物的表示。鉴于货物堆存费逐日增加，买方作为货物的非自愿寄托的受寄托人（involuntary bailee），可以合理地处置货物，所得收益可冲抵卖方应该支付的赔偿。

第五，关于买方 3 个月后转售货物的行为是否满足减损义务的要求，裁决接受了买方执行董事的证言。几个潜在钢厂虽对购买货物表现出兴趣，但最终并未签订合同。而且，当时市场价格持续下跌也是货物难以被转售的原因。因此，仲裁庭认为买方转售的行为构成合理减损。

第六，裁决判令卖方将已收的全部货款退还给买方，但可扣除已经支付给买方的部分和解款，以及买方转售所得收益。此外，卖方还应赔偿运费、滞期费、卸货费、保险费、检验费、信用证开证费、堆存费、律师费和仲裁费。

（二）应诉策略

1. 小心驶得万年船

在启动仲裁前，买方和我们担忧的争议点是拒收后是否可以转售货物，以及卖方是否仍有要求进行公断人检验的权利。为了在启动仲裁前对风险进行评估，买方听从了我们的建议，委托英国御用大律师就部分核心法律问题出具了一份意见。

御用大律师亦认为买方和我们担忧的问题是案件的核心。他认为，卖方没有放弃要求公断人检验的权利。若未进行公断人检验，CIQ 报告应是最终且对双方都有约束力的。但在未进行公断人检验的情况下，买方无权拒收货物，且也未实际拒收货物，紧急代理人的观点不成立，但是可以从商业角度考虑转售货物，问题是转售货物更多的是为了自己的利益，而非卖方利益。

虽然大家认为整体局势不利，但经过与买方的反复讨论，我们认为仍有希望打赢该仲裁案件。买方认为自己占理，但在合同条款和法律层面，如何制定策略，围绕既定策略组织相应的证据，提出有利的法律观点，是我们前期工作的核心。

2. 敌变我变，避重就轻

卖方委托了新加坡的知名律所代理该案，牵头的是一位经验丰富的印度裔律师。与我们的预判略有所不同的是，卖方的抗辩集中在“抹黑”买方，而未将重心放在公断人检验和转售的问题上。卖方提出 CIQ 报告是经过变造的，是不真实的，不能证明货物的真实品质。并且，买方联合印度经纪人欺骗卖方，迫使卖方接受了和解，双方已经就重新检验达成了一致意见，或者达成了和解，买方无权索赔损失。买方无权拒收货物，其出售货物的行为不构成合理减损。由于卖方提出的前述观点缺少书面证据，选择以证人证言的方式来证明。

既然卖方采取了截然不同的抗辩策略，我们也有必要进行相应的调整。在文书控辩阶段，为了避免卖方攻击买方的“弱点”，我们选择使用少量篇幅论证公断人检验和转售的合理性，而将重点放在组织书面证据上，通过书面证据将完整的案件事实串联在一起，与对方通过证人“讲故事”的策略形成鲜明对比。在证人证言方面，买家的执行董事在我们的协助下准备了完整的证人证言，反驳了对方的事实观点，同时对缺少书面证据的待证事实进行了补强。

3. 众人拾柴火焰高

卖方提交了 5 份证人证言，其中 3 份来自公司的执行董事和职员，2 份来自装港的检验人，买方也提交了 1 份来自执行董事的证言，开庭无法避免。

为了协助客户开庭，我们建议买方委托一家新加坡当地的律师事务所，由新加坡律师主要负责开庭工作，因为他们更擅长组织交叉盘问。

我们同新加坡律师组成了律师团队，共同代表买方参加了开庭。除开庭盘问对方证人这项主要工作外，律师团队的工作还包括对案件事实和法律观点进行重新整理，查漏补缺；在开庭前协助证人准备盘问，模拟对方律师提问，使证人提前熟悉流程；庭后进行复盘，对当天的开庭进行总结，并相应地准备结案陈词。

事实证明新加坡律师的加入不仅很好地解决了盘问证人的问题，而且通过反复地讨论，律师团队与买方执行董事集体决策，向仲裁庭完整地陈述了案情，提交了相应的证据和支持判例。案件胜诉的结果离不开每一位团队成员的辛勤付出。

（三）案件意义与启示

1. 艰难的中资企业境外维权之路

中资企业如何利用法律的武器在境外维权一直是一个难题。以本案为例，“礼之用，和为贵”显然不是印度卖方可以接受的准则。虽有和解协议，但卖方仅支付部分和解款，其策略不言而喻。卖方认为中资买方不会因未收到少部分和解款而大动干戈。根据买方的介绍，部分国外卖方缺乏诚信，甚至采取非法手段强迫装港检验人作假，提高装港证书的铁品位，使其满足合同的质量要求，通过假证书取得信用证议付。买方曾遇到过不同国外买家出售的货物存在质量问题，甚至有签约不发货的情况出现。

尽管御用大律师在启动仲裁前提供的法律意见对买方不甚有利，但买方希望通过仲裁维权的信心始终未动摇，勇气可嘉。当然，取得胜诉的结果绝不能仅凭勇气和一腔热血。策略制定、证据组织和法律观点才是赢得该仲裁案件的关键，律师团队和买方对这些细节的把握是核心，该案胜在细节。

一起持续 3 年的大型仲裁案件耗时耗力，维权的背后是买方提供的大量资金支持，以及律师团队的时间投入。毋庸置疑，该案的胜诉为中资企业的海外维权注入了一针强心剂。其重大意义在于过程虽艰难曲折，但只要勇于突破固有思维，在尊重合同和法律的前提下敢于采用法律武器维护自身合法权益，通过精心组织、严密论证，动用一切能动员的力量，必将取得最终胜利。

2. 漫长的证人交叉盘问

双方在本案中共提交了6份证人证言，在新加坡举行了3次开庭，共持续了10日时间，开庭工作以盘问证人为主，律师口头争辩为辅。其中第一阶段的5日被全部用于卖方律师盘问买方的执行董事。

我国司法实践重书证，轻证人证言，开庭5日盘问单一证人在国内的诉讼和仲裁程序中是罕见的。我们曾遇到过在被告律师追问原告证人的情况下，法官打断了被告律师的发问，压缩被告律师发问时间，半开玩笑地说：原告证人挺紧张的，不是必须问的就别问了。普通法国家和地区的证据规则重视证人证言，证人出庭作证之前首先需要宣誓，法官和仲裁庭相信证人在说真话，而律师在盘问中要解决的问题是攻击对方证人的可信度，找出对方口头证据的矛盾之处，引导本方证人清楚地陈述口头证据。

除新加坡律师外，卖方在该案中还委托了一位资深的印度律师，由印度律师负责盘问，事后得知该律师是印度某检察院的前任检察长。该印度律师深谙盘问技巧，通过充分的准备，提出了异常全面和刁钻的问题，希望通过长时间的庭审和盘问挑战买方执行董事的体力和耐心，用时间换空间，抓证人的漏洞。印度律师的强大攻势对证人无疑是巨大的挑战。难能可贵的是，虽然买方执行董事此前没有担任证人的经验，亦没有法律背景，但是他坚信自己陈述的是客观事实，最终说服仲裁庭采信了他的证人证言。

反观卖方的证人，其中一位证人提出，在货物出运前，曾在矿山检测货物的品质，经预检，货物满足合同要求。但在接受交叉盘问的过程中却露出了破绽，他承认曾在争议的时间内休假。休假期间显然是无法从事检测工作的，他给出的证据前后矛盾，其证言自然未被仲裁庭采信。一个谎言需要用一百个谎言去圆，但最终仍会被戳穿，真相终会浮出水面。

3. 复杂的争议问题清单

如前文所述，本案待仲裁员裁决的争议问题有23个之多。在完成文书控辩、证据披露和回答书面质询之后，提交证人证言和确定开庭时间之前，仲裁庭听取了双方的意见，签发了一份争议问题（memorandum of issues），并由双方当事人会签。

争议问题清单是一份常见的仲裁文件，如LMAA的仲裁规则要求仲裁案件的当事人在完成文书控辩之后交换LMAA问题单（questionnaire），其中一项内容是双方要列明需要由仲裁员裁决的争议问题。即使仲裁规则无明确要求，仲裁庭也有可能以程序命令的形式提请双方律师进行协商，并就争议问题清单达成一致意见。通常清单由原告一方起草，被告一方补充，同意或者反对的意见会提交仲裁庭，由仲裁庭定夺。其重要性不言而喻。首先，这是当事人重新整理的一个过程，律师需要回顾文书控辩的内容，决定如何将问题用准确和凝练的语言展现出来。问题的排列需要有一定的逻辑和顺序，环环相扣。争议问题清单只能列入已争论过的焦点，这要求双方要尽早将本方观点抛出，避免因修改文书控辩导致被判令承担对方的法律费用。其次，争议问题清单可以协助仲裁庭了解双方的争议点，将来可以将每个争议点作为裁决书一章，或者在对问题归类合并后裁决，可以有效防止仲裁庭漏裁或者超裁，避免裁决书被依法撤销或不予执行。

在本案中，印度卖方提出了数量众多的抗辩点，导致问题清单稍显复杂。这种策略是一柄“双刃剑”，抗辩点不多，成功率会降低；但抗辩点太多，双方的法律费用则会增加。因此，律师应在起草索赔申请书或答辩状之前先确定策略，根据案情的强弱组织事实和法律观点，合理地增减争议问题，将案件引导至高效的发展方向。

本案的事实、法律和裁决具有唯一性，分享之内容仅供参考。

七、智利矿石买卖合同纠纷案

（一）案情简介

1. 案情概述

境内买方B公司为进口一批原产地为智利的铜矿，通过境内A公司与境外卖方S公司签订了3份铜矿买卖合同，除货物数量不同外，其他条款完全相同。具体是由B公司与S公司联络确定合同内容，因为A公司具有进口资质，最后由A公司作为买卖合同中的买方，S公司作为卖方，B公司不体现在买卖合同中。合同款项分两部分，第一部分通过A公司开立信用证结算，信用证的金额为卖方S公司预估的95%货款，该笔款项为临时付款（provisional payment）；最终货款则依据国内目的港瑞士通用公证行（SGS）检验结果中的铜、银含量确定并附加处理及提炼费用，由A公司根据B公司出具的最终发票支付余款。另外，A公司与B公司签订了一份进口代理协议，约定由A公司作为B公司的进口代理，由A公司负责与S公司签订进口合同、开立信用证，由A公司作为收货人接收货物并由A公司负责办理进口手续，在B公司支付A公司货款和代理费之前，货物所有权由A公司所有。

合同签订之后，A公司按合同约定开立了信用证，S公司发运了货物并通过信用证议付取得了信用证额度的临时付款。然而，因为B公司无力支付货款，A公司收到货物以后并未按约定根据SGS报告向S公司支付余款；为了降低损失，A公司已经将收到的货物转卖。

B公司与S公司签订的铜矿买卖合同约定适用英国法，争议提交伦敦国际仲裁院（London Courtof International Arbitration，LCIA）仲裁。因卖方S公司一直未能收到余款，且通过我团队沟通联系、发送律师函等无果后，委托编者团队提起伦敦仲裁。

2. LCIA仲裁程序

与临时仲裁直接由双方当事人指定仲裁员不同，双方当事人可以向LCIA提名己方的仲裁员人选，但提名只有经LCIA确认才能完成指定，首席仲裁员则由LCIA指定。团队根据LCIA仲裁规则，代表S公司向LCIA及A公司就3份合同发出了联合仲裁请求（composite request for arbitration），其中介绍了双方当事人及案件的基本情况，提名了己方的仲裁员指定人选，并申请合并仲裁（consolidated arbitration）。

LCIA接受了S公司的仲裁员提名，指定了被提名的仲裁员。鉴于A公司对S公司的联合仲裁请求并未作出回应，LCIA代A公司指定了仲裁员，同时指定了首席仲裁员，由3名仲裁员组成仲裁庭。LCIA亦接受了合并仲裁申请，将3份合同所涉的3个仲裁案件合并为一个案件。

S 公司提交了案件的案情陈述书（statement of case），其中包括仲裁请求及相应的案件事实。仲裁庭收到案情陈述书后表示需要就仲裁程序开一个仲裁程序讨论会议（Case Management Conference，CMC）。根据仲裁规则，A 公司需要于案情陈述书提交后的 28 天内提交答辩陈述（statement of defence），A 公司并未按期提交，但申请了延期，S 公司表示同意，仲裁庭亦确认了该项延期申请。

在开启 CMC 之前，仲裁员向双方发送了第一号程序命令（Procedural Order No. 1，PO1）的草稿，并后附了一份程序时间表（timetable）和用于文件披露的雷德范申请表（redfern schedule）。在 CMC 中，仲裁庭表示 PO1 草稿是仲裁庭成员曾在另案中使用的范围，当事人可以根据本案的实际情况提出修改建议。在充分听取了当事人的意见后，仲裁庭正式签发了 PO1。

双方完成了答辩陈述和证据披露环节，仲裁庭在 S 公司提交下一轮答辩书（statement of reply）之前，确定了第二次程序会议的时间。第二次程序会议将确定后续仲裁程序的进行，包括双方是否需要提交证人证言、专家证据，并要求开庭。其间，A 公司在未得到仲裁庭允许的情况下提交了一份补充答辩状（supplementary bill of defence）。S 公司提出异议，认为仲裁庭应排除该文件，但不反对在 S 公司提交下一轮答辩书之后，A 公司可以提交次轮答辩（statement of rejoinder）。仲裁庭支持了 S 公司的观点，并允许 A 公司提交次轮答辩状（statement of surrejoinder）。

（二）应诉策略

1. 基于案件要点的应诉策略

本案应诉主要基于以下实体及程序问题展开。

（1）案件的核心实体问题。

本案的核心实体问题在于代理关系的成立与否，以及实际买方如何认定，即 A 公司、B 公司与 S 公司之间的关系。因为 B 公司的财务状况，S 公司只能选择向 A 公司主张货款余款，所以 S 公司需要坚持其与 A 公司之间有合同关系的观点。而 A 公司的核心抗辩则是其仅作为 B 公司的代理人，铜矿买卖合同的买方是 B 公司，代理人不承担付款义务。虽然实际上 A 公司与 B 公司签订有进口代理协议，但是A公司并不一定仅能是作为代理人与S公司签订贸易合同，因为A公司在收到货款之前可控制货物，所以A公司也有可能是希望作为铜矿买卖合同的买方取得货物的所有权，事实上其也是涉案货物的收货人并垫付了货款，且在B公司未能支付货款的情况下，A公司处置了货物。

其中涉及的一个英国法问题是可否构成隐名代理（undisclosed agency），A公司是否是B公司的隐名代理人，即类似于中国法中的隐名代理制度。如果成立，那么即使A公司作为B公司的代理，铜矿石买卖合同对A公司有约束力。但是从案件进展和事实来看，由于S公司是与B公司沟通确定的合同内容，且B公司也有明确表示由A公司作为他们的信用证“开证代理”，案件的核心问题即是根据具体的案件事实判断A公司是否作为委托人与S公司签订买卖合同，特别是在有B公司明确表示由A公司作为其代理的前提下。在A公司极力主张代理关系的前提下，案件的处理思路需要围绕A公司能否独立于其与B公司的代理关系，并基于自身需要作为独立的当事人与S公司签订贸易合同。我们在仲裁案件代理的过程中也着重强调需要实际分析A公司的缔约表示及履行行为，而不能仅以其与B公司的沟通来判断本案的合同关系；合同并未明确A公司代理人的身份，且S公司对进口代理合同并不知情，因此无论在任何情况下，S公司均有权要求其合同相对方A公司支付剩余货款。

此外，案件中较为重要的争议还有S公司于仲裁程序中提出的货物检验报告问题，包括SGS检验报告与S公司最终款项发票不符的问题，以及A公司单独委托非合同约定的检验公司所出具的检验报告效力的问题。对此，我们采取的策略是分情况处理，即对于A公司单独委托的检验报告，我们坚决主张不属于双方于合同中认可的检验机构，依据合同条款SGS检验报告的结果是最终结果；对于SGS检验报告与S公司发票不符的问题，与S公司核实后再有针对性地回应对方。

（2）案件的核心程序问题。

本案核心程序问题在于上文所述的CMC。除仲裁规则有明确规定的程序之外，其余所有程序均需通过该会议讨论后由仲裁庭通过程序命令

（procedural order）的方式确定，案件的进程则依据程序命令中的时间表进行。仲裁程序命令的内容包括时限（time limits）、通知及沟通（notifications and communications）、书面申请的要求（written submissions）、书面证据（document evidence）、证据交换（document production）、事实证人（witness of fact）及专家证人（expert evidence）和开庭（hearing）等。我们在应诉时考虑到，需要对各个仲裁程序内容有大致的了解，判断仲裁程序命令的相关内容对本方当事人而言是否可以接受，同时需要结合案件的具体情况、客户的需要与指示，以及自身的工作安排等因素与对方当事人及仲裁庭协商确定适当的仲裁时间表。后续如果某一程序有延期的需要，程序命令一般规定需要提前与对方当事人协商，如协商不成，应提前向仲裁庭申请。

2. 应诉经验总结

一是与海事仲裁案件不同，贸易合同的仲裁案件一般是选定国际仲裁机构的仲裁规则，而较少适用临时仲裁。相比较来说，机构仲裁中的仲裁庭更占主导作用，一般会有一个明确的仲裁程序命令及各阶段的时间表，这种程序命令一般由仲裁庭起草，但是也有一些独任仲裁庭接受当事人提供的仲裁程序命令的文本，由仲裁庭确认。

二是在仲裁程序中文件披露对于雷德范申请表的使用。该申请表的内容包括己方需要对方披露的文件的描述，以及与案件的关联性（relevance）及实际意义（materiality）。完成申请表后双方需要互相交换，彼此收到后对于披露文件的请求可以作出回应（response）或提出反对（objection），而请求披露的一方可以就对方的回应或反对发表意见，最后提交仲裁庭由仲裁庭决定是否需要披露以及披露的范围。

三是对于仲裁庭命令需披露的文件或需提供的信息，应当遵守仲裁庭的命令。本案中 A 公司并未按命令披露文件，这可能会导致仲裁庭对 A 公司采取惩罚措施，包括无法依据未披露的文件提出主张、对于未披露的文件可以对 A 公司作出不利推断、与 A 公司文件披露阶段程序的有关费用由 A 公司负担等。

（三）案件意义与启示

本案是少有的我国境内律师代理境外贸易卖方在境外对境内进口方提起

国际仲裁程序的案例。此类案件中，我们相较于境外律师的优势是对境内的主体、商业背景以及发生于境内的情况更为了解；A 公司及 B 公司均为境内公司，两公司的进口代理协议也是基于中国法律签订的，因此团队在专业能力保障的前提下能够更清楚地了解案件事实。

本案的仲裁程序是典型的 LCIA 机构仲裁，相关工作，尤其是特有的 CMC、文件披露，以及后续可能的庭审及事实证人出庭相关环节，包括国内证人的培训问题，对于国内律师代理类似案件有借鉴意义。

本案涉及中国法律语境下比较典型的进口代理关系、融资贸易及让与担保。如果构成让与担保，那么即使 A 公司与 B 公司的进口代理协议中约定由 A 公司取得所有权，在中国司法实践中可能也仅有设定担保的效力，货物所有权仍为 B 公司所有。但是因为贸易合同适用英国法，而 A 公司与 B 公司进口代理协议适用中国法律，如果 A 公司与 B 公司关于保留所有权的约定在中国法律语境下构成让与担保，在贸易合同关系中将如何认定 A 公司的法律地位？或者无论 A 公司与 B 公司之间是什么关系，无论关于货物所有权的归属如何，无论 B 公司就其与 A 公司的关系向 S 公司如何表示，A 公司在贸易合同中作为委托人还是代理人，是否取决于 A 公司订立合同时希望取得货物所有权的意思表示？问题的答案将直接关系最终的案件结果。这种进口代理模式是广泛存在的，本案最终的裁决结果将为国内的贸易商或进口代理商提供指引，相关方可以考虑如何通过合同条款的约定或交易模式的设定更好地保护自身权利。

第三节　业务畅享

有一支组建了近 20 年且稳定的海商海事团队是弥足珍贵的。海商海事业务具有专业性强和涉外因素多而复杂的特点，个人和团队的成长，案件的跟进，离不开大量的专业英文书籍阅读和对司法案例研判。在这个过程中，团队从初期的向外国律师学习，发展到现在可以同外国律师竞争，依托的是对中国市场和客户习惯的深入理解，在法律服务和竞争中形成并保持了自己的特点和优势。

从集体分析、策略谋划到文书起草、庭审答辩，几乎每个成功的案例都发挥了集体智慧，谋定而动，个人和团队彼此成就，运用法律武器维护了客户的合法权益。得益于案例集的撰写和编辑工作，大家回忆起了那些为了案件和客户努力工作的日日夜夜。这也是一个自我总结和反思的过程，整理本身也是创造。金诚同达希望将办案经验分享给大家，希望有更多人愿意投身于海商海事法律服务中，为服务海洋强国建设和涉外法律人才培养贡献绵薄之力。

第二章　海关业务

第一节　业务板块介绍

近年来，中国海关的改革力度不断加强，出入境检验检疫职能归入海关，通关监管模式推陈出新。无论是中资企业还是外资企业，尽快适应新海关监管要求的迫切需求都只增不减。同时，企业因进出口活动引发的刑事制裁、行政处罚、补税补证等情事纷繁复杂，与海关及其他监管机关产生的争议也在逐年增多。广大进出口企业需借助海关法律事务律师团队的专业服务，在通关监管、稽核查、调查、侦查及司法程序中，以维护自身合法权益为前提最大限度地提高通关效率、减少通关成本并控制政策变化及海关监管带来的不确定风险。

海关法律服务始终专注于进出口领域的合规业务，致力于指导企业合规经营、预防企业违法犯罪。

海关律师的业务范围涵盖走私刑事案件法律服务、涉检刑事案件法律服务、海关行政争议解决、国际贸易风险防范与争议解决、海关合规与风险防范以及清关咨询及流程设计等。海关律师对刑法、海关法律、法规、规章和政策拥有深厚的理论功底，对海关监管执法及海关监管合规等拥有丰富的应对经验，能够为企业提供全面、系统且有针对性的法律服务，确保企业合法合规经营，保障企业合法权益。海关律师除具备法律专业知识外，还应具备海关专业知识、国际贸易专业知识和较强的外语读写能力及实务处理经验。只有具备复合型的知识架构，海关律师才能为客户提供全方位、多角度、多语言的海关法律事务服务。

近年来，随着我国外贸新业态新模式的持续创新发展，中国海关也不断推出改革创新举措，海关监管领域更加广泛、监管链条更加完善、监管手段更加丰富。因此，进出口贸易的各类从业主体，无论是企业还是个人，尽快适应新海关监管体制的迫切需求都与日俱增。同时，企业或个人因进出口（境）活动引发的刑事制裁、行政处罚、行政处理等情况，与海关及其他进出境监督管理机关产生的各类争议也在逐年增多。大多数的企业和个人需借助专业人士的服务，在贸易准入、现场通关、行邮监管、跨境电商及后续稽核查、调查、侦查及司法程序中，以维护自身合法权益为前提最大限度地提高通关效率、减少通关成本并控制海关监管带来的不确定风险。结合进出口企业的行业特点和刑事风险点，海关律师针对进出口企业推出了“一揽子”进出口行政合规和刑事合规方案，帮助企业及其工作人员规避履行职务过程中可能面临的行政风险和刑事风险，为企业的正常生产经营活动保驾护航。

第二节　案例分析

一、海关团队协助企业构建进出口合规体系

进出口合规业务是将进出口企业经营与管理活动是否合规及其合规的努力程度，与企业面临行政、刑事调查时责任的有无及轻重相联系的一套风险内控机制。就法律服务和企业法务而言，进出口合规业务是一种既区别于刑事辩护，又区别于传统合规业务的新型高端法律服务业态与风险防控模式。

（一）某工程机械世界500强企业进口生物能发电机海关归类争议案例分析

对已然发生的针对企业的调查行为，应及时组织专业的法律服务队伍，对调查行为进行评估，预判事件的性质和走向，结合已有的风险防控措施，提出妥善的应对策略，将调查工作对企业的影响最小化。同时，一旦事件发展为刑事问题，就可以实现无缝对接，实现行政、刑事全流覆盖。

1. 案情简介

2021 年 3～5 月，某工程机械世界 500 强企业国内总代理向海关申报进口多台生物能发电机组，货物完税价格近 3000 万元，该批发电机组将配套用于国内某大型国有企业多个可再生能源环保发电项目。客户按照商品名称生物能发电机组（进口暂定税率为 5%）向海关进行申报，海关接受申报并按 5% 计征关税后放行该批货物。后海关在同品名不同归类专项核查中复查认为客户申报进口的上述货物的税则号列申报错误，应按商品名称内燃发电机组（进口税率为 10%）向海关申报，并要求客户补缴差额税款，并对客户未如实向海关申报的行为以涉嫌影响国家税款征收为由移交海关缉私部门进一步进行调查处理。至此，客户除被要求补缴差额税款外，还将面临以申报不实为由被海关处以漏缴税款 30% 以上、2 倍以下罚款的行政处罚。此外，海关并未排除客户不存在伪报、偷逃应纳税款的主观故意，还存在被海关认定为走私行为，触犯走私普通货物罪的风险。

2. 实务要点解析

接受客户委托后，海关团队在向客户了解上述货物清关全过程及客户与海关的交涉经过后，迅速确定了“规避刑事追责、规避行政处罚、规避补缴税款”的层层递进的行政争议解决目标。结合“三规避”目标，团队充分向客户阐明处理海关行政争议的原则和方式，补税不处罚应属可接受范围，并在此基础上力争更为理想的结果。结合团队多名律师的海关从业经历和多年来处理海关管理领域疑难问题的丰富经验，海关团队坚持目标导向，明确从海关归类这一专业技术性问题入手，加强与主管海关的关税部门和缉私部门的沟通与交流，积极向海关表达客户进口货物归类无误的合理诉求。

实务要点之一是规避刑事追责。向海关阐明客户没有走私行为和刑事违法上的主观故意。一是客户系委托专业的代理报关企业负责清关工作，并客观真实地向报关行提交清关所需资料，没有故意选择税率相对较低的税则号列向海关申报；二是在货物实际进口前，客户认真研究了国家调整重大技术装备进口税收政策目录，客户进口的生物能发电机组在该目录中有明确对应的商品编码，客户按该商品编码向海关申报有一定的事实依据。

实务要点之二是规避行政处罚。向海关阐明客户不构成申报不实的违反海关监管规定的行为，至多构成申报差错。申报不实与申报差错在形式上非常相似，但在处理方式上却完全不同。根据海关有关规定，对于申报差错应以修改报关单并补征税款的正面监管的方式进行纠正。具体而言，一是客户不存在客观违法性，客户向海关申报的商品编码在税则品目条文中有具体列名，且该商品编码是2016年海关税则新增子目，在2016年之前确实应按照海关认定的税则号列进行申报，在2016年之后则应按照新增子目进行申报；二是客户曾在2016～2017年进口过相同品名的生物能发电机组，进口地海关也曾认为应按燃气发电机组的税则号列进行申报，但经过客户的解释和说明，最终接受了按照生物能发电机组的税则号列进行申报并予以完税放行。行政相对人的信赖保护利益也应是海关是否给予当事人行政处罚的一个非常重要的考虑因素。

实务要点之三是规避补缴税款。向海关阐明客户申报的税则号列是准确无误的，不应补缴相应税款。一是海关归类协调制度本身就是一项技术性很强的执法工作，其主观判定因素较大，极易出现同品名不同归类的情况。如前所述，客户在不同口岸海关申报进口相同的发电机组，有的海关认为应按照燃气发电机组归类，有的海关则认为应按照生物能发电机组归类。二是客户进口的生物能发电机组是国家产业升级政策调整下出现的新生事物，财政部等5部委对生物能发电机组确定优惠进口税收政策的初衷是鼓励清洁能源设备的进口，充分体现了低碳环保的政策导向。但是，无论是从对政策层面的理解到执行层面的具体落实，还是对该设备复杂技术参数和工作原理的熟悉和把握，确实都需要有一个再认识的过程。

经过海关法律事务团队的不懈努力，客户与海关之间关于进口生物能发电机组的行政争议以补税不罚的方式实现了定分止争。虽然最终未能按照客户申报的税则号列计征税款，但是也规避了客户可能面临的行政处罚和刑事处罚风险，同时也完成了客户处理该起行政争议的底线要求，未对客户的企业信用等级和征信产生不利影响。在处理该起行政争议的过程中，在不断地同海关沟通的过程中，也增进了客户与海关之间的理解，为客户继续开展进出口业务创造了良性的行政机关与行政相对人的沟通交流机制，为客户准确知悉和把握海关管理要求提供了一个新的平台。

3. 案件的意义与启示

一是海关归类决定具有部门规章的法律效力。尊重包括海关归类职权在内的海关权力是解决海关行政争议的基本前提。本案中，海关表示将通过税政调研的方式推动相关税则注释的调整和修改以实现政策与法规之间的有效衔接，打通国家鼓励政策落地的“最后一公里”。

二是与客户达成共识、符合客户的心理预期，形成解决争议的合力尤显重要。本案中客户某种程度上的妥协也不失为一种双赢的选择。本案系典型的国际贸易进口货物海关全链条管理合规风险控制中较为成功的案例，海关律师从海关审单到后续处罚实现了全程控制，找到了海关“把关”与“服务”的平衡点。

三是相信专业的力量。本案中争议的焦点海关归类问题的专业性和技术性都很强，与不同海关、海关不同部门、海关职能部门与现场海关、海关部门与海关缉私部门之间的工作机制和流程都需要得到精准把握。

四是客户进口的设备系用于国内多个可再生能源环保发电工程，符合国家鼓励进口的产业导向，对改善生态环境、减少碳排放、促进循环利用可持续发展具有重大意义。该设备税则号列的准确认定对于促进先进环保设备进口，加快绿色低碳产业转型升级具有重大借鉴意义，不仅可以降低企业的生产经营成本，而且我国很多环保公益项目均系政府主导、国企参与，可以间接减轻国家负担，提升国企的核心竞争力。

（二）某肉类产品进出口贸易公司进口食品安全风险控制体系创建案例解析

以专业性、必要性、可行性和个性化为原则，构建或完善企业的进出口合规体系和运行机制，明确企业各级人员在开展进出口业务过程中的职责权限，以及相应的操作规范。同时预先设定违规处理机制，将企业业务团队合规表现纳入绩效考核或者设置责任倒查机制，以责任倒逼企业合规体系建设，实现企业“守法便利”的目标。

1. 案情简介

2022 年年初，国内某大型肉类产品进出口贸易公司委托海关法律事务团队对其进口肉类产品符合海关食品安全管理要求进行合规体系创建工作。客户的诉求是为其在肉类进口国际贸易活动中构建“守法便利、合规高效”的进口食品安全风险控制体系。海关法律事务团队在对客户进口肉类产品内部工作流程、外部协同架构进行全面梳理、对客户遇到的通关堵点难点问题进行全面分析的基础上，确定了以树立合规避险底线思维为切入点，以“准入前、准入中、准入后”符合海关对进口食品安全节点管理要求为核心，坚持解决一个问题、规范一类行为，构建符合客户自身运营特点的进口食品安全风险控制体系。

海关法律事务团队安排了多名熟悉海关检验检疫业务的律师参与到客户的进口肉类食品安全风险控制体系流程再造工作中，通过在客户的外贸部门跟班作业等方式，从客户订立外贸合同到国内销售端全过程了解企业的业务操作模式。对标海关进口食品安全管理要求，查找企业存在的业务风险点和外部联系风险点，按照发现、分析、解决、规范的步骤引导客户树立进口合规意识，引导客户员工标准化作业，准确理解海关食品安全管理的规定和要求，强化企业是进口食品安全第一责任人的意识。

2. 实务要点解析

一是将客户进口的肉类产品按照冰鲜肉类、冷冻肉类、腌制肉类、熏制肉类4类进行分类管理，每一类又按照牛肉、猪肉、羊肉、禽肉等主要品种细化明确相应的税则号列（归类要素）、原产地认定标准（享惠要素）和合理价格区间（价格要素）等海关重点审核要素，防范和化解进口环节的刑事违法风险、行政违法风险和业务操作合规风险。在此基础上，为客户全面梳理海关的执法依据，从进口食品安全、进口商品检验、进出境动植物检疫和通关监管4个维度为企业编写并定期更新进口肉类产品合规手册。二是从进口食品安全治理体系三大环节入手，分析评估客户开展肉类进口业务已经发生或可能存在的风险点并编写相应的合规操作指引，具体内容包括入境前准入、入境时检查检验检疫、入境后监管三大板块，14个风险节点和具体的操作要求。

入境前准入要求主要包括肉类产品入境前的体系评估、议定书签订的准入程序，输华肉类官方卫生证书的确认程序。进口食品境外生产企业的注册程序。进口肉类产品国际贸易合同签订前办理审批手续并取得进境动植物检疫许可证的检疫审批程序：审批范围包括人类食用的冷冻或冰鲜的屠宰动物胴体及其分割产品、脏器、副产品和非熟制加工品；许可条件（企业资质符合要求）包括已列入海关总署公布的进口肉类收货人备案名单；申请事项符合要求包括《符合评估审查要求的国家或地区输华肉类产品名单》内的国家、产品品种和注册企业，符合海关总署对检疫许可证申请及核销的规定，有相对应的食品安全国家标准；审批流程（进境动植物检疫审批管理系统）包括受理、审核、批准签发（检疫许可证自签发之日起12个月内有效）。

入境时检查、检验、检疫要求主要包括单证电子化提交和审核的证单核查：（1）检验检疫证书的准备（卫生证书、检测报告）。（2）进境动植物检疫许可证等批准文件。（3）合同、发票、箱单、提单等商业类单据。（4）进口销售记录、合格保证、标签翻译件等证明、声明材料。（5）进口食品境外出口商代理商备案、进口食品境外生产企业注册等企业资质。（6）进境动植物检疫许可证的核销；审单通过后的《入境货物检验检疫证明》的出证放行；指定监管场所、机检查验、现场人工查验等现场查验；抽样送检等风险监测；不合格信息上报，对列入"进出口食品安全风险预警通告"及警示通报的企业加强监管的风险预警及快速反应机制；合格产品出证放行、技术处理、退回或销毁的出证放行或检疫处理。

入境后监管要求主要包括：对境外生产企业复查的回顾性检查；保留相关记录和凭证，保存期限为2年的进口和销售记录制度；进口商应承担召回的主体责任的召回制度；对税收及其他风险要素进行研判，应对海关开展稽核查作业及案件线索移交工作的事后监管应对。

3. 肉类进口企业食品安全合规体系创建的意义与启示

一是在食品供应链从本土化转向区域化、全球化的过程中，我国既面临传统食品安全问题，又面临非传统食品安全问题和生态安全问题，食品安全问题已经成为总体国家安全观的重要内容之一。"四个最严"对进出口食品生产经营者提出了新的更高的要求。明确进出口食品生产经营者的主体责任要求以及不履行或不正确履行主体责任的法律后果，对于进出口食品生产经营者树立底线思维，避免违法惩戒风险，促进守法便利和进出口食品生产经营活动全产业链健康可持续发展具有重要作用。

二是后疫情时代全球经济一体化进程面临严峻挑战、各国通胀风险逐步显现，肉类进口贸易风险叠加（如出口国管制政策不稳定、疫病风险持续、国内监管部门对冷链产品管理趋严，企业采购、物流及合规成本增加，冻品走私呈高发态势等）。因此，肉类进口行业和其他品类的进出口贸易面临很大的不确定性，企业进口合规风险也相应增加。面对以上风险和挑战，肉类进口企业加强食品安全体系合规建设尤显重要。

（三）中国肉类协会自律合规辅导实务案例解析

分层次组织企业家和员工进行针对性合规培训，从树立“可为与不可为的边界”着手，通过对发现的合规管理漏洞与监管弱化环节进行剖析，及时利用鲜活案例进行警示教育，以提升企业规避防范风险的水准。同时，将合规培训记录留存，作为企业合规工作的凭证。

1. 案例简介

海关法律事务团队自受聘担任中国肉类协会法律顾问以来，团队的专业律师为中国肉类进出口行业及相关企业提供法律服务，并实时跟进中国肉类行业进出口动态并进行法律风险数据分析，全方位为协会及会员单位提供风险预警、合规辅导、法律咨询等服务，切实提升全行业进出口业务的规范化管理水平。

2. 实务要点解析

开展培训。针对海关政策的变化，以及境内外突发公共卫生事件，组织企业相关人员进行培训，解读相关法律政策，及时分析、解读进出口的趋势和政策变化，指导会员企业依法调整进出口的方式方法及应对策略。自担任常年法律顾问以来，金诚同达海关法律事务团队线上、线下累计开展中国肉类进出口企业海关事务法律风险及国际贸易合规系列培训共计 23 场，培训人数达 2000 多人次。

提供法律意见。针对复杂多变的国际局势，海关法律事务团队及时跟进国际局势的变化和发展，提供信息支持及法律分析，为中国肉类协会所做的每个重大决定提供法律风险预警服务；为会员单位提供法律咨询服务，其中出具重大法律意见共计 5 次，审查修改规范性法律文书 153 件。开展实地走访，就专门问题召开电视电话会议数次，提供服务小时数共计 310. 5 小时。

裁判数据分析。团队在连续 4 年开展“走私裁判大数据分析研判”的基础上，专门就肉类走私刑事风险开展判决数据分析研判工作，以提供行业风险提示和预警服务。

3. 案件的意义与启示

近年来，中央倡导守卫老百姓的“餐桌安全”，海关始终保持打击肉类走私的高压态势，中国肉类协会对于肉类进出口会员企业防范走私犯罪风险意识也十分重视。但自新冠疫情在全球蔓延以来，国际局面复杂多变，团队始终将顾问单位的利益放在首位，不断提升服务意识，始终与顾问单位心往一处想、劲往一处使，从更加宏观的层面，包括建议协会发布肉类进出口合同范本，建议协会推动设立专门的争议解决机构等，助力顾问单位的合规进程，具体建议如下：

一是发布肉类进出口合同标准文本。在此次新冠疫情期间，大量中国贸易商援引格式合同中的不可抗力条款遭到外商拒绝，且肉类协会各会员单位因对政策理解和把握不同，造成使用的进出口相关法律文本良莠不齐。在国际贸易中，忽视合同及条款规范性将导致商业风险隐患，或可给企业造成重大损失。因此，由中国肉类协会牵头，海关团队参与建立进出口示范文本体系，草拟基本法律文书模板或单项法律条款，规范会员单位贸易行为，进一步保障中国肉类协会及会员单位的贸易安全。

二是组建肉类行业协会仲裁机构。中国是国际贸易大国，但当进出口活动出现纠纷时却只能向境外的仲裁机构提交仲裁申请，且胜诉率极低，不能在行业贸易中占据话语权。肉类行业的贸易不仅涉及刑事风险，日常的民事纠纷、争议诉讼亦占据重要地位。按照国际仲裁惯例，可由行业协会成立仲裁机构，制定行业贸易规则，制定仲裁解决规则，从而规范肉类行业贸易及交易秩序，通过影响中国肉类行业纠纷解决机制来争取中国肉类贸易在国际上的话语权。

作为专注于进出口合规的海关法律事务团队，我们结合案例大数据的检索、筛选，已经连续 4 年（2018 ~ 2021 年）对全国走私犯罪案件的判决情况进行了大数据分析，旨在通过检索发现数据中蕴藏的价值，发现企业在进出口领域的风险点，以反哺合规服务实践工作。

在裁判大数据分析的基础上，团队深度挖掘数据蕴含的价值，以数据为媒介，与国际NGO组织、国内高校、行业协会等开展合作，研究领域不断拓展，时刻关注国计民生，对肉类、医药类、矿产类、烟酒类等数十种商品的进出口涉罪案件进行专题研究并撰写报告，对进出口涉及的走私犯罪罪名，比如走私国家禁止进出口货物、物品罪的打击泛化等、涉检验检疫相关罪名等，也专门撰写了研究文章。同时，对于走私犯罪下游的洗钱犯罪，团队与TRAFFIC（国际野生物贸易研究组织）开展合作，对我国反洗钱法律体系进行了梳理，并对我国涉野生动植物走私犯罪的反洗钱情况进行了分析，为保护野生动植物、维护生态平衡贡献微薄力量。大量的研判文章的撰写也不断提升着团队律师的能力和水平，拓展业务边界，从而为进出口企业提供更加全面、有质量的合规服务。

二、海关团队协助企业进行刑事合规审查

虽然进出口企业涉及刑事侦查的风险与行政调研相比概率较小，在刑事侦查发生之前，企业往往认为危险离自己很远，防范刑事风险的紧迫性不强，但是我们要认识到，刑事风险更具破坏性，甚至直接决定企业和主要负责人的“生死存亡”，对企业的打击往往是毁灭性的。

海关团队在进出口领域案件的刑事辩护方面，在彭勇律师的带领下，团队成员精诚协作，凭借专业的业务素养和坚持不懈的努力，2021年以来合计代理走私案件刑事辩护22宗，其中检察院决定不起诉案件3宗，涉及6名当事人，分别为1宗合规不起诉、2宗相对不起诉；其他案件也不同程度地为委托人争取到了最好的结果。

（一）某行业龙头生物科技公司走私废物案

1. 案件简介

2019年7月，某行业龙头Y生物科技公司申报进口70吨货物，所装货物存在按照不同品质分层装载的问题。进口地海关对该批货物进行了抽样、

检验，最终经不同鉴定机构鉴定，结论均为固体废物。Y 生物科技公司被移送检察机关起诉，Y 生物科技公司及负责人涉嫌走私废物罪，法定刑为 5 年以下有期徒刑。

2. 实务要点解析

本案的争议焦点在于以下几个方面：

一是鉴定依据是否可靠。该批货物在国内暂无国家标准、国家推荐标准和行业标准。鉴定机构作出的结论的依据是一篇科学文献，能否作为刑事案件的鉴定依据。

二是该批货物进口后是否具有社会危害性。一般来讲，认定产品是否为固体废物时的一个关键点是该货物是否会对环境、物种等造成严重影响，也即是否具有社会危害性。

三是涉案公司和负责人是否具有走私的主观故意。主观故意是走私犯罪的主观构成要件，也是整个走私犯罪成立的基础。

四是基层法院和基层检察院是否具有管辖权。通常，对于走私案件的审查起诉和审判，应当由中级检察院和人民法院作出。

海关团队接受委托后，根据案件实际情况以及争议焦点，确定了实体和程序的全方位、全覆盖的辩护思路。

一是打鉴定依据：针对鉴定引用论文，走访作者，澄清认识误区。团队的律师走访了论文作者，通过虚心请教，积极学习相关知识，了解到其撰写的论文虽然得到了行业的广泛认可，但是对于鉴定货物是否为固体废弃物还缺乏一定的依据。通过作者的说明，律师向检察院和法院澄清了鉴定过程中鉴定机构存在的认知误区。

二是打社会危害性：下游客户行业调查，论证货物颗粒大小不影响产品使用，无环境危害。团队律师走访了该货物所有的下游公司，下游公司统一出具书面说明，表示货物的质量并不影响下游公司进行再生产，仅涉及性价比的问题。即使是废物，也是可以投入生产的。换言之，这批货物不会对环境造成任何影响，没有社会危害性。

三是打主观故意：针对“概括性故意”的指控，指出逃避商检与走私分属《刑法》不同章节，不应适用。团队律师通篇研读了讯问笔录，了解到公司负责人所讲的“逃避检验”原意不是逃避海关的检验，而是为了逃避商检。团队律师在与检察院的同志们充分沟通后，出具了长达30余页的律师意见，着重论证了逃避商检与走私犯罪分属于《刑法》的不同章节，不能相互适用，本案当事人没有走私的主观故意。检察院的办案人员仔细研读了律师意见后，最终认可了团队律师提出的当事人不存在主观故意的律师意见。

四是打案件管辖：与两级多地检法沟通，案件由县级市检管辖变更为市级检院管辖。管辖问题虽然看起来并不急迫，但是它关乎当事人的诉讼权益。团队律师第一时间与当地以及省检察院进行沟通、交流，提供了充分、确实的证据材料表明中级人民法院审理一审的必要性。省高院、省高检也对这个问题格外重视，多次开会讨论，决定将本案移送至当地的中级人民法院进行审理。

本案可谓是一波三折，在经历了近2年的沟通、交流和调查后，检察机关最终作出了“合规不起诉”的决定。这一决定不仅维护委托公司的合法权益，还在当地做起了“合规不起诉”第一案的法律宣传。最终为企业赢得了“不起诉”的良好辩护效果。

3. 案件意义与启示

通过本案的刑事辩护，团队总结了以下经验：

一是消除分歧达成共识，良好沟通是关键。在刑事辩护中，律师与公检法机关工作人员本质上都属于法律共同体的成员，分工合作，彼此制约。因此通过良好反复的沟通，对分歧问题深入探讨，往往能够在一定程度上达成共识。

二是获取证据支持论点，走访调查是基础。走访调查是刑辩律师的利器，法律虽要求公诉机关对被告人有利与不利的证据要一并收集，但更多情况下检察官关注的是指控是否成功，容易忽视对被告人有利证据的收集，律师通过行使调查取证权收集到的有利于被告人的证据就显得尤为珍贵。

三是巧辩敢辩善辩，持之以恒才是根本！除了与检察官的唇枪舌剑，本案的团队主办律师在1年内往返祖国的大西北，飞行了三十几趟。海关团队每一名律师均是如此，一直以客户的利益为出发点，凭借着一股韧劲和对法律公平公正的追求，为一个又一个客户争取到了最大的合法权益。

（二）某跨境电商企业走私普通货物、物品案

1. 案件简介

2021 年，国内某跨境电商龙头企业在开展跨境电商进口物流业务的过程中，因涉嫌伪报贸易方式、低报价格等走私违法活动，被海关缉私部门立案侦办，公司负责人被羁押，涉嫌偷逃税款高达数千万元，法定刑为 10 年以上。

2. 实务要点解析

近年来，随着国家对跨境电子商务的政策支持，跨境电商目前正处于高速发展期，特别是在新冠疫情持续期间更是成为我国稳外贸的重要力量。但迅猛发展的同时，不法商家为了享受跨境电商的税收红利，利用跨境渠道走私的案件数量也在逐年增加，走私的方式也逐渐多样化。该类犯罪手法主要表现为跨境电商平台将一般贸易方式进口的货物通过“刷单”方式伪报成跨境电商贸易方式进口，从而骗取优惠税率。

跨境电商的税率优惠仅限于境内消费者个人自用的商品。本案的涉案公司承揽了境外客户的进口业务后，将应以一般贸易或行邮渠道进口的商品通过跨境电商渠道进口，这在走私方式的认定上属于伪报贸易性质走私行为。由于涉案公司在电商物流行业居龙头地位，业务量大、业务持续时间长、境外客户众多，涉案规模较大，团队接受委托后，根据案件实际情况，坚持实体和程序全方位、全覆盖的辩护思路。

（1）坚持程序全面核查，发现自首情节，最终被检察机关认定。

在侦查阶段会见委托人时，团队律师除询问案件本身外，还详细询问了当事人的到案经过，但由于当事人到案当天精神极度紧张，对于到案的一些细节并不能确认。待案件移送审查起诉后，团队律师第一时间阅卷，在对诉讼文书卷的每一页、每个日期甚至每个字眼都认真分析研判后，发现办案人员在找到委托人后并未出具任何强制措施文书，也没有给委托人佩戴械具等，反而是当事人第一时间配合办案人员，与办案人员一同回到办公场所，提供了大量的书证和电子数据。据此，我们根据最高人民法院《关于处理自首和立功具体应用法律若干问题的解释》，向检察机关提出委托人存在自首情节

的法律意见，得到了检察机关的认可，为本案最终争取好的裁判结果奠定了坚实基础。

（2）坚持事实全面核查，通过海量数据核对，成功扣减数百万偷逃税额。

由于本案有庞大的涉案电子数据需要进行核对，团队成员甚至突击学习了 SQL 数据库语言，从而得以对海量电子数据进行梳理，确定了价格适用、税率适用两个大的辩护思路和偷逃税额扣减方向。

一是在价格适用上。在跨境电商渠道走私中，由于“三单”的规则限制，单纯低报价格走私的案件并不多见，低报价格情况一般是在“推单”的过程中伪报贸易方式兼具低报价格。本案中，涉案物流企业对于商品的价格并不清楚，境外客户在委托进口时并未提供货物的真实价格，但侦查机关却在没有查获真实价格的情况下，对其中部分商品依据《中华人民共和国海关计核涉嫌走私的货物、物品偷逃税款暂行办法》（海关总署令第 97 号）（以下简称 97 号令）第 17 条第 4 项的规定，适用国内市场倒扣法。团队律师经过审查认为，在没有查获实际成交价格的情况下，97 号令第 17 条应当顺序适用，涉案商品在海关有进口记录的情况下，应当优先适用第 1 项“海关所掌握的相同进口货物的正常成交价格”和第 2 项“海关所掌握的类似进口货物的正常成交价格”的规定，同时应当本着疑点利益归于被告的原则，在没有证据证明申报价格存在低报的情况下，应认定申报价格即为实际成交价格。

二是在税率适用上。本案存在部分境内实际购买人为自用个人或非集货个人买手的情况，据此，办案单位全部按照行邮税率进行结合偷逃税款，但由于个人卖家同样存在一般贸易的权利和可能性，按照行邮税计核的部分涉案商品的一般贸易税率可能还要低于行邮税率，即存在税费倒挂的情况。对此，基于有利于当事人的原则，应当按照一般贸易进行计核偷逃税款。上述观点最终部分得到检察机关的认可，并在补充侦查期间重新计核了偷逃税款，较原起诉意见书指控的数额减少数百万元。

（3）坚持全链条审查，确立委托人及其公司在全案中的从属地位。

跨境电商渠道涉及的环节多、链条长。其涉及的货主、快递物流企业、跨境电商平台、第三方支付企业，以及可能多层的揽货或转包企业，均可能成为跨境电商走私犯罪的主体。但目前侦查机关在办理多环节案件时由于案件侦办部门存在侦办先后的情况，往往将某一环节作为单独的案件进行起诉。本案即是整个走私犯罪链条中，物流服务提供商最先被起诉的案件。据此，团队根据委托人及其公司所处的地位，分析案件中各主体的违法程度，发现虚假订单资料由境外供应商提供、偷逃税款的实际收益为国内货主，涉案企业作为物流服务提供商虽然直接从事了进口通关的环节，但是这仅是其众多业务中的一部分，公司的主业仍然是正规的电商进口物流业务，在走私犯罪中的贡献度较低，并且提供了类案裁判案例。最终检察机关接受了团队律师的法律意见，认定了委托人及其公司在全链条中的从属地位，团队进一步争取到减轻或从轻的机会。

3. 案件意义与启示

通过本案的刑事辩护，团队总结了以下经验：

一是对于邮快跨等进出口领域新型走私犯罪案件，只有时刻保持学习的态度，不断了解相关的行业政策动态，掌握行业的操作流程和业务规则，并把行业理论知识投射到鲜活的案例中，才能变成维护当事人权益的有力武器。

二是从细微处着手，不放弃任何疑点和可能性。业界普遍认为律师在侦查阶段所做的工作有限，但通过侦查阶段的及时介入，与犯罪嫌疑人进行充分沟通，可以在接受委托后及时了解案件事实、敏锐发现案件的疑点，有针对性地提出法律意见，帮助犯罪嫌疑人寻找有利的辩护点。

三是继续保持并不断强化团队裁判大数据分析工作。法律检索是律师行业非常重要的工具，团队裁判大数据分析工作更是一把利器，能够快速定位类案、横向对比案件要素，第一时间匹配到能够让检法机关接受的裁判案例。已经坚持4年的裁判大数据分析工作已经成为团队最宝贵的财富，使团队在进出口领域刑事辩护中占据优势地位，掌握核心竞争力。

全面的刑事合规体检，为企业剥离刑事风险。除已然进入诉讼程序的刑事案件外，在侦查机关对企业调查的初期，及时组织专业的法律服务队伍开展刑事合规体检，对调查行为进行评估，预判事件的性质和走向，结合已有的风险防控措施，提出妥善的应对策略，将调查工作对企业的影响最小化，同样有着重要的现实意义。

通过系统查阅企业文件和制度、开展问卷调查、组织访谈、类案风险研判等方式，对企业进行刑事合规“体检”，进行风险评估。关键任务是根据对企业合规风险的系统调查，结合该行业刑事风险发生的一般规律及营商环境、立法现状与对执法趋势的把握和分析，依据刑事风险发生的现实可能性及一旦发生对企业的影响程度，将公司现存的刑事风险隐患进行危险等级划分，以此确定相应的防控对策。

（三）某供应链上市公司母公司合规“体检”案例

1. 案件简介

某供应链上市公司的孙公司在申报进口一票货物时被海关查扣，海关现场关员查验实货发现，货物呈现颗粒大小不同的特征，疑似为禁止进口的固体废物涉嫌走私固体废物罪，数量高达数万吨。由于母公司架构及财务、风控流程体系易引发办案机关高度关注，在孙公司已经涉案，相关责任人被采取强制措施的情况下，母公司委托海关律师团队对母公司进行合规“体检”，排查是否存在涉案风险。

2. 实务要点解析

团队律师先后 3 次走访企业，通过查阅规章制度、OA 系统、会议纪要等公司文件，结合相关人员访谈、微信会议等，协助企业在集团公司架构、事业群公司事权范围、集团职能部门岗位描述、管理权限等方面开展合规审查，核实案发前后细节，还原事实。同时，在全面梳理材料的基础上，向企业反馈团队律师法律分析观点。

通过分析，团队律师认为母公司风控、财务等部门的职能定位在于服务业务、监督资金风险，工作方式在于纸面审查、节点审查，对于孙公司的业务工作，充分尊重其独立性，并无决策指挥，更不具有明知的主观形态，不应被作为涉案主体。建议公司在依法配合调查、客观提供事实与说明材料的前提下，明确企业及相关人员在此事件中的地位和作用，还原事实、避免误解。

3. 案件意义与启示

该母公司作为上市公司，内部风控等部门体制、机制健全，已经具备一定的防控风险能力，但由于其主要针对的是内部风险，在面对突如其来的刑事诉讼时，往往找不准发力点。对进出口企业来说，刑事风险与民事纠纷相比确是小概率事件，只要事情没有发生在自己身上，企业通常认为危险离自己很远，防范刑事风险的紧迫性不强；但要清醒地认识到，刑事风险对企业的打击往往是毁灭性的。事实上，企业常见的风险防范措施与刑事合规类似于看病和体检的关系，看病关注于病灶问题的解决，而忽略了其他方面。合规业务更注重全局性的隐患排查、风险点的重点检查以及调理式的健康策略。

要有针对性地进行刑事合规规划、从源头为企业规避刑事风险。企业陷入刑事诉讼后，原本的业务模式被司法否定，从而导致企业发展停滞不前甚至一蹶不振。还有一些跨国企业在我国开展业务过程中多多少少会有“水土不服”的情况，如在进出口环节对我国海关的相关规定理解不到位、不透彻，或者与他国的国际贸易交易习惯并不适合中国等，进出口环节刑事风险高。海关律师团队凭借过硬的专业水平和对海关政策、监管条件的解读能力，为进出口企业提供针对性的合规规划或者合规建议。

（四）某全球大宗商品交易巨头走私废物案

1. 案件简介

团队服务的某公司是全球大宗商品交易巨头，该公司在中国进口一宗产品时被海关认定涉嫌走私废物。团队接受委托后，成功为全案争取到不予起诉的结果。

2. 实务要点解析

虽然该公司避免了刑事风险，但是仍面临行政处罚风险。根据中国海关相关法规，海关针对不同企业信用等级，查验率、通关效率均不相同。一旦被行政处罚将严重影响企业征信，随之可能产生查验率提高，通关时效长等间接后果，大幅增加企业通关成本。团队针对上述刑事、行政风险并存的情况，向该公司提出了以下合规建议：

从业务流程上，跨国公司一般采取业务境外垂直管理、行政境内扁平化管理的模式，但相关制度上却未予明确，一旦陷入刑事调查，国内管理层涉案，境外业务管理人员虽可能暂时因法域问题无法被追诉，但这并不意味着安全，涉及本案的总公司人员入境仍可能面临被刑事追诉的风险。

从交易习惯上，基于国内外长期的进口货物以及境外母公司与其他国家国际贸易的合作习惯，很多合同条款被简化或省略，海关在审查时容易出现理解问题并导致错误认识。

从申报方式上，对于涉及期货范畴的货物，以公式定价的方式进行申报，容易出现违法、违规的情况，包括调期费、升水。针对上述情况，需要对进口货物进行全面合规梳理，避免错误积累达到量变。

从业务细节上，针对业务运行时用语不规范的问题，应避免因中文与英文理解歧义导致执法部门的错误认识。比如“ashes”一词，中文被翻译为“灰”，在当前中国对工业废品进口管控非常严格的情况下，容易对海关的理解造成困惑和误解。

3. 案件意义与启示

在对该刑事案件成功辩护的过程中，团队注意到该公司的国内业务仍然存在其他问题，如果仅解决个案，犹如“头痛医头、脚痛医脚”，若不从根上解决问题，在中国政府对环境犯罪高度关注的背景下，其仍然有再次涉案的风险。对此，团队的整体思路是从宏观、中观、微观三个层次，解决企业不同层次的需求：在宏观上，正面接触海关并提出案件定性的观点，解决企业刑事风险的现实紧迫；在中观上，配合企业推动涉案商品行业标准的及时出台，解决企业后续继续开展业务的实践需求；在微观上，通过合规审查的形式，不断完善企业合规体系建设，解决企业日常业务的细节问题。通过这三个层次的工作，提升企业在中国开展进出口业务的水平和能力。

借力企业刑事合规机遇、推动涉案企业合规不起诉或合规从宽。2021 年 4 月，最高人民检察院发布《关于开展企业合规改革试点工作的方案》，启动了第二期企业刑事合规不起诉改革试点。《关于开展企业合规改革试点工作的方案》指出，开展企业合规改革试点工作，是指检察机关对于办理的涉企刑事案件，在依法作出不批准逮捕、不起诉决定或者根据认罪认罚从宽制度提出轻缓量刑建议等的同时，针对企业涉嫌具体犯罪，结合办案实际，督促涉案企业作出合规承诺并积极整改落实，促进企业合规守法经营，减少和预防企业犯罪，实现司法办案政治效果、法律效果、社会效果的有机统一。

2021 年 6 月 3 日，最高人民检察院等 9 部门印发《关于建立涉案企业合规第三方监督评估机制的指导意见（试行）》，该指导意见明文规定在依法推进企业合规改革试点工作中建立健全涉案企业合规第三方监督评估机制，并发布企业合规改革试点典型案例，这是企业刑事合规在政策层面上的支撑，是企业特别是中大型企业在法律风险防控层面的重大利好。

（五）某食品进口商低报价格走私普通货物、物品案

1. 案件简介

某食品类产品进口商长期从事食品进口及国内销售业务，是境外供应商的长期合作伙伴，与境外供应商签订了长期合同固定了详细的大客户优惠价，且有多重折扣及市场推广费用等。因此其在向海关申报时未按照发票价格申报，而是自行核算优惠后成本向海关进行申报，海关缉私部门认为其涉嫌低报价格走私，并立案侦办。

2. 实务要点解析

本案的争议要点在于以下两个方面：

一是办案单位查获的发票价格能否作为完税价格计核偷逃税款。由于企业在与外商的贸易过程中存在直接降价、因到货品质或数量原因产生的调降价格，以及未列明的境外考察、培训费用等情况，实际货物价值与发票价值不同。

二是对于部分仅征收增值税的商品，进口时虽存在低报，但因企业均为开票销售，低报部分偷逃的增值税在销售环节由于无法抵扣，企业进行了补缴。因进口环节增值税系代征，在没有实质税款损失的情况下，是否能够认定为走私犯罪。

团队律师接受委托后，根据案件实际情况以及争议焦点，确定了围绕价格构成，以扣减偷逃税款数额为目的的实体辩护思路，并据此向检察机关提出了对涉案企业合规不起诉或合规从轻的申请。

一是针对价格构成，团队律师从5个方面进行重点论述，基本囊括了低报价格案件常见的争议焦点。

（1）以发票价格作为完税价格计核偷逃税款适用不当。

本案国际贸易双方所订立的长期合同系有效合同，在国际贸易中合同与

发票具有同等效力，而合同中详细约定的交易价格远低于发票价格，且本案发票价格完全没有反映贸易真实情况，因为涉案企业作为长期合作大客户，拥有多重优惠折扣及扣减因素。此外，发票价格与实际付汇情况也不能够相互印证，故发票价格并不是交易双方实际结算的凭证。

（2）短装或货损等情况应当从实际成交货值中合理扣减。

本案中的贸易双方在实际成交过程中存在因品质或数量原因调降价格的情形。《海关进出口货物征税管理办法》（海关总署第124号令）第62条规定，散装进出口货物发生短装并且已征税放行的，如果该货物的发货人、承运人或者保险公司已对短装部分退还或者赔偿相应货款，纳税义务人自缴纳税款之日起1年内，可以向海关申请退还进口或者出口短装部分的相应税款。第63条规定，进出口货物因残损、品质不良、规格不符原因，或者发生本办法第62条规定以外的货物短少的情形，由进出口货物的发货人、承运人或者保险公司赔偿相应货款的，纳税义务人自缴纳税款之日起1年内，可以向海关申请退还赔偿货款部分的相应税款。

依据刑事司法“实质合理性”原则，进口货物中存在部分未实际进口或者双方实际协商降价的情况，且行政法规已经明确对所列情形可以退还税款，即未对相应国家税款造成实际损失的，在刑事走私犯罪偷逃税额中应予扣除。由此，团队律师逐一进行了核对，并提出了扣减数量。

（3）集中让利折扣应当从实际成交货值中合理扣减。

本案中涉案企业与境外供货商是长期合作大客户的贸易关系，大客户与散客或中小客户不同，其在贸易中拥有一定的买方议价能力。涉案企业与境外供应商虽然价格约定在进口前，但是因双方是滚动结算汇总模式，会在进口后的邮件中协商具体支付方式和时间节点。供应商在货物进口后，通过邮件多次沟通，主动调降价格进行让利，体现了双方的真实意愿和贸易实际。按照国际贸易惯例及最朴素的商业逻辑，应当认可这一客观真实情况，让利降价部分应当从实际成交价中予以扣除。

（4）境外考察和境内外技术培训费用当从实际成交货值合理扣减。

《海关审定进出口货物完税价格办法》第15条第1款第5项规定：“进口货物的价款中单独列明的下列税收、费用，不计入该货物的完税价格：

（五）境内外技术培训及境外考察费用。”技术培训费用指基于卖方或者与卖方有关的第三方对买方派出的技术人员进行与进口货物有关的技术指导，进口货物的买方支付的培训师资及人员的教学、食宿、交通、医疗保险等其他费用。本案中客观发生了上述境外考察和境内外技术培训费用，只是未在进口货物的价款中单独列明。

团队律师同时引用最高人民法院刑二庭对此问题的相关指导意见：“我们倾向于认为，在认定货物完税价格时应坚持实质合理性原则。海关在对进口货物计税时均是以实际成交价格为依据，对于未单独列明的税收、费用一概不予扣除的方法不可取。办理具体案件时，应当尽量准确地审核相关‘税费’，并予以合理处理。目前办案实践中的普遍做法是，对于有证据证明实际发生的合理费用和实际缴纳的税款，在认定完税价格时予以适当扣除。”

（5）高报溢缴税款应与低报偷逃税款相抵销部分。

本案中的高报行为和低报行为是涉案企业在同一贸易模式、同一主观故意下的连续行为，客观反映了涉案企业是在核算优惠后成本按照平均价格向海关申报的。高报行为与低报行为之间有本质的密切联系，虽然在正面行政监管模式下没有进行退还溢缴税款，但“刑法看实质”，应考量同一主观故意下整体连续行为所造成的国家实际税款损失，因此，高报溢缴税款与低报偷逃税款应予以抵销。

团队律师还援引了《检察日报》发表的专题文章《贴近“海关限价”报关的走私案件应整体评价偷逃税额》。文章指出：“走私普通货物罪侵犯的是海关税收征管制度，偷逃应缴税额是认定行为危害性的关键标准，只有当违法行为实质性地造成国家税款流失时，才能准确地体现其危害性。对于行为人基于同一故意实施连续的进出口贸易，将其整体评价才能更准确地判断最终是否造成税款损失以及损失的程度。而且根据《进出口关税条例》的规定，进出口货物放行后，海关发现少征或者漏征税款的，在法定期限内有权要求纳税义务人补征税款；海关发现多征税款的，纳税义务人可以在法定期限内要求海关退还多缴的税款。可见，从行政规范的角度来讲，当事人尚可以按多退少补的方式客观评判其纳税义务，刑法更应当讲求实质危害性，当行为人在同一故意支配下实施一连串行为时，将该行为作为一个整体进行评判，才能更合理地体现最终危害后果。”

二是针对部分仅涉及增值税商品的低报，团队律师认为涉案企业涉嫌偷逃增值税部分社会危害性极小，不应以犯罪论处。具体而言：

（1）涉案企业主观上没有偷逃增值税的故意，客观上没有给国家造成增值税损失。涉案企业在进口环节少缴增值税将导致无进项税发票，在国内销售时将无法抵扣相应部分销项税，从而在国内销售环节实际将补缴全部增值税，不会给国家造成增值税损失。《刑法》根本上讨论的是实质危害性，当行为人在同一故意支配下实施一连串行为时，只有将其作为一个整体进行评判，才能更合理地体现最终危害后果。

（2）对同样涉及增值税类的犯罪应作体系化思考和量刑平衡，统一以国家税款实际损失作为偷逃税额的认定标准。涉及增值税的犯罪有虚开增值税专用发票、骗取出口退税、走私普通货物物品和逃税罪等。非走私的其他几个罪名曾经主要以行为犯看待，而在目前的司法实践中，对虚开增值税专用发票罪、逃税罪等偷逃税额的认定已转变为以国家税款实际损失为标准。其中，虚开增值税专用发票罪尤其体现了这一转变，早期法院认定增值税偷逃税额的标准是虚开合计数额，现已全面转向国家税款实际损失数额。

税务总局和海关总署之间关于增值税征收存在行政委托关系，作为受托方的海关总署实施有关增值税的征收、处罚、偷逃税款认定等具体行政行为时不能脱离税务总局的授权范围，应与委托方具体行政行为保持一致。故针对增值税的偷逃税额认定应当坚持同一标准，即以国家税款实际损失为准。

（3）新冠疫情特殊时期国家出台的增值税留抵退政策减轻了涉案企业的社会危害性。本案所涉偷逃税款大部分发生在新冠疫情期间，针对疫情对企业造成的影响，国家出台了一系列增值税留抵退及减免政策，主动减轻企业税费压力。涉案公司属于进口食品零售行业，其已收到税务机关的主动联系，为其落实增值税留抵退政策，且已实际进行了增值税留抵退。因此，增值税部分的社会危害性在特殊情境下尤其轻微，不应以犯罪论处。根据《刑法》以社会实质危害性评判的根本原则，结合涉案企业违法犯罪行为具体发生情境、主客观一致和增值税类罪的总体特征趋势，不应认定涉案企业为偷逃税款。即使其表面符合犯罪构成要件理论，也应以社会危害性极小，不作为犯罪论处。

3. 案件意义与启示

《关于建立涉案企业后规第三方监督评估机制的指导意见（试行）》第4条规定，对于同时符合下列条件的涉企犯罪案件，试点地区人民检察院可以根据案件情况适用本指导意见：（1）涉案企业、个人认罪认罚；（2）涉案企业能够正常生产经营，承诺建立或者完善企业合规制度，具备启动第三方机制的基本条件；（3）涉案企业自愿适用第三方机制。结合最高人民检察院《关于印发〈企业合规典型案例（第二批）〉的通知》，进出口企业涉嫌的走私类型犯罪，系合规不起诉、合规从宽适用的常见罪名。

团队律师及时关注政策热点，深入探究企业涉嫌违法犯罪的内在原因，准确对涉案企业开展风险识别，由此向检察机关提出申请，认为企业具备启动第三方机制的基本条件，可依法选择适用合规从宽不判处实刑的合规处置。同时，团队凭借在刑事合规领域的丰富经验，辅导企业制定可行的合规管理规范，构建有效的合规组织体系，健全合规风险防范报告机制，弥补企业制度建设和监督管理漏洞，防止再次发生相同或者类似的违法犯罪，推动企业真正依法合规经营。

进出口企业往往还面临诸如除企业本身刑事风险之外的企业人员刑事风险，企业受到内部外部侵害的刑事风险、企业开展专项工作的刑事风险、企业其他未然的刑事风险等。基于上述进出口过程中存在的刑事法律风险，从事进出口业务企业需要通过合规法律服务，以有效进行风险防控。

第三节　业务畅享

多年来，海关法律事务团队深耕于进出口合规等国际贸易法律服务领域，走私刑辩在业内更是树立起良好的口碑。我们有过高光时刻，也有过迷惘和徘徊，但我们绝不会因为失败而气馁，我们有的只是客观冷静、总结经验教训再出发的果敢和勇气。回想代理的一起起案件、处理的一个个法律实务问题，用律师来定义我们这个行业似乎在内涵和外延上都不够准确，我们应该可以做得更多、做得更好。

如何做一名有品有格的律师，是我们最近经常思考的一个问题。专业和专注、格局和眼界、执着和坚守，并将此转化为源源不断、卓尔不凡的行动力，进而生成不断鞭策自我勇于挑战和尝试的内生动力。

无法照进现实的理想不谓之理想，在国际形势诡谲多变、后疫情时代大变迁等因素的叠加影响下，未来我国对外贸易发展态势也将面临百年难得一遇之大变局。可以预见的是，我国外贸的法律规范体系和监督管理要求也会随之发生深刻的变化和调整。

新形势、新机遇、新挑战，北京金诚同达律师事务所海关法律事务团队将继续致力于协助合法经营的企业，未雨绸缪地建立完善合规计划，对刑事风险进行有效管控，助力企业安全合规发展，与进出口企业一路并肩同行。

第三章　国际贸易融资结算业务

第一节　业务内容介绍

随着世界经济一体化的加深以及国际结算和贸易融资电子化的发展，越来越多的国际金融机构和跨国公司客户正在寻求创新型的金融结算解决方案。在中国贸易基础、物流基础及区位优势稳定发展的时代背景下，国际贸易融资结算已成为新兴金融服务的主要发展方向之一。

国际信用证业务作为金融的重要组成部分，也是国际贸易法律服务的核心模块。国际信用证业务主要包括信用证开立、银行保兑、出口押汇、信用证追索等。其中，出口押汇是出口商与其所在银行为盘活资金所创制的一种短期信贷业务，在实践中被普遍使用。但是，在标准的信用证流转环节中本不存在“出口押汇”这一概念。一些银行为追求交易效率，往往会忽略规范化操作，将押汇与议付混为一谈，导致在信用证遭到拒付、止付时遇到麻烦。出口押汇业务历来都是国际贸易融资结算业务的难点与痛点，也是理论与实务界相割裂的法律领域，精于此道的律师只有同时具有高深的理论功底与丰富的实践经验，才能持续为客户提供优质、高效的法律服务。

第二节 案例分析

招商银行股份有限公司信用证欺诈纠纷

（一）案情简介

2013年3月24日，安徽技术公司与力峰公司订立了一份买卖合同，约定其向力峰公司购买塑料粒子916吨，价款合计1 536 720美元，于宁波保税区仓库交货，付款条件为见单后90天远期不可撤销信用证，受益人为力峰公司，通知行为招商银行离岸业务部。2014年3月26日，安徽技术公司向招商银行合肥分行申请开立了一份不可撤销信用证，金额为1 536 720美元，任何银行均可议付。具体议付单据为：签字发票正本一份、副本两份，受益人出具的提货单正本一份，标注毛、净重的箱单正本一份、副本两份。2014年3月27日，招商银行离岸业务部收到开证行招商银行合肥分行发送的上述信用证电文。

2014年3月28日，力峰公司与招商银行离岸业务部签署《出口押汇申请书》，约定条款大致如下：（1）上述信用证项下单据一经押汇，则视为招商银行离岸业务部对信用证项下汇票及/或单据付出对价而做出的议付，招商银行离岸业务部即取得议付行的地位，有权以适宜的方式处理单据；（2）无论何种原因致付款人未能及时、足额支付单据项下款项，招商银行离岸业务部有权都对力峰公司行使追索权；（3）若力峰公司不能按要求归还全部押汇本息时，招商银行离岸业务部有权按规定加收逾期利息、复息；（4）招商银行合肥分行有权在任何时间，以任何方式出售全部或部分该单据项下货物，以归还押汇本息及费用；（5）如招商银行离岸业务部根据力峰公司的申请，已办理了上述信用证项下的打包放款，力峰公司承诺本申请书项下的押汇款无条件用于偿还银行打包放款；（6）力峰公司随时向招商银行离岸业务部提供上述信用证项下货物情况及本公司的经营、财务状况，并配合银行的调查、审查和监督，发生影响偿债能力的重大事项时，应立即书面通知银行，并配合银行落实押汇申请项下有关债务本息及其他一切费用用于偿还的保障措施；(7) 力峰公司同意按照年 0.8% 的收费标准向招商银行离岸业务部支付融资手续费；(8) 押汇申请书项下的借款借据构成申请书不可分割的组成部分，如二者有冲突，以借款借据为准。

2014 年 4 月 9 日，招商银行合肥分行向招商银行离岸业务部发出 SWIFT 电文，对案涉信用证进行了承兑。同日，招商银行离岸业务部向力峰公司进行了放款。招商银行离岸业务部内部留存的贸易融资借款借据载明借款金额为 1 535 000 美元，起息日为 2014 年 4 月 9 日，到期日为 2014 年 6 月 30 日。

2014 年 6 月，安徽技术公司在向宁波保税区仓库提货时，发现仓库没有力峰公司所提供的上述发票、箱单、提货单项下所记载的货物。安徽技术公司向公安机关报案，经查证，力峰公司存在信用证欺诈行为，其开立信用证的目的并非完成国际贸易，而是实现其非法融资的目的。

安徽技术公司遂向安徽省合肥市中级人民法院起诉，要求招商银行合肥分行终止支付其于 2014 年 3 月 26 日开具的信用证。针对该案，安徽省合肥市中级人民法院作出一审判决，终止支付招商银行合肥分行开立的信用证项下 1 536 720 美元的款项，支持一审原告安徽技术公司的诉讼请求。招商银行合肥分行因此承担了全部的交易风险和损失。

招商银行合肥分行一审败诉之后，委托金诚同达（北京）律师事务所高级合伙人张云燕律师作为该案二审的代理人，张云燕律师随即率领金诚同达律师团队，会同德恒律师事务所的律师同僚对该案的二审工作展开准备和研究。在前期的准备过程中，我方律师团队发现一审法院对于核心争议焦点的说理很不充分，其逻辑较为薄弱，对于相关法条的理解局限性较大，且遗漏了多项对我方有利的证据。经研判，律师团队认为该案件二审改判的可能性很大，但需要找到合理的突破点。

（二）应诉策略

在本案的研究过程中，我方律师团队一致认为，本案的核心争议焦点着落于“招商银行是否对案涉信用证进行了善意议付”这一问题上。最高人民法院《关于审理信用证纠纷案件若干问题的规定》第 8 条第 2 项明确规定，受益人恶意不交付货物或者交付的货物无价值的，属于信用证欺诈。在本案中，力峰公司的行为构成信用证欺诈，这一点各方并无争议。但是，上述规定第 10 条规定，在信用证欺诈行为发生后，人民法院应当判决止付信用证，但是有以下情况的除外：（1）开证行的指定人、授权人已按照开证行的指令善意地进行了付款；（2）开证行或者其指定人、授权人已对信用证项下票据善意地作出了承兑；（3）保兑行善意地履行了付款义务；（4）议付行善意地进行了议付。由此可见，如果招商银行合肥分行确实对信用证进行了善意议付，那么安徽技术公司无权要求招商银行合肥分行止付信用证。结合本案具体情况而言，我方团队只有论证得出“出口押汇属于议付行为”这一结果，才可以获得本案的胜诉。

针对这一问题，在一审中，安徽省合肥市中级人民法院认为出口押汇和议付有显著的区别。一审法院认为，《ICC 跟单信用证统一惯例》（以下简称 UCP600）中并未明确定义出口押汇这一行为的概念。该法院认为，通常而言，出口押汇指在信用证项下，由出口地银行以全套货运单据及汇票为质押品向出口商提供资金融通的一种银行业务，其实质上是一种融资法律关系，即银行为出借人，力峰公司为借款人，信用证仅是该融资法律关系中的一种担保，作为出借人的招商银行合肥分行在案件中的出口押汇行为并非对票据的买入行为，不符合 UCP600 所规定的议付要求。故而，招商银行合肥分行不能援引信用证欺诈例外的例外原则获得保护，案涉信用证应当终止支付。

对于一审法院的这一论断，我方律师经研究后，决定从以下三个角度对一审判决逐一进行突破。

1. 突破口一：从法条本身出发，严谨论证我方商业行为满足法条之要求。

第一个突破口来自 UCP600 第 2 条，“议付指指定银行在相符交单下，在其应获偿付的银行工作日当天或之前向受益人预付或者同意预付款项，从而购买汇票（其付款人为指定银行以外的其他银行）及/或单据的行为”。根据这一条款可以提炼出成为议付行的几个法律要点：（1）该银行是议付信用证下的指定银行；（2）其实施了预付或者同意预付款项给受益人的行为；（3）该行为是在经过审单并确认交单相符的前提下实施的；（4）预付或同意预付的时间节点是在该银行应当从开证行获得偿付的银行工作日当天或之前。

我方律师团队对以上4点内容逐一作出了全面、完整的回应。

首先，案涉信用证是一份任何银行均可议付的不可撤销信用证，即自由议付信用证，招商银行离岸业务部确系该议付信用证下的合格的指定银行，满足第（1）项要求。

其次，出口押汇实质上是一种有效的议付行为，准确地说，押汇即是在议付后所进行的一种担保行为。招商银行离岸业务部与力峰公司签订的《出口押汇申请书》明确约定了招商银行离岸业务部与力峰公司是议付法律关系（具体条款为“信用证项下单据一经押汇，则视为贵行对信用证项下汇票及/或单据付出对价而做出的议付，贵行即取得议付行的地位”）。该《出口押汇申请书》是招商银行离岸业务部与力峰公司双方在平等自愿的基础上签订的，且没有违反任何法律法规的强制性规定，招商银行离岸业务部可以依约定与力峰公司建立议付法律关系。退一步说，即使议付行地位不可以通过约定取得，招商银行离岸业务部与力峰公司签订《出口押汇申请书》的行为本质仍是议付行为。这是因为，在签订合同之时，招商银行离岸业务部确实存在获得信用证下票据及单据所有权的意图，押汇的行为乃是从税收以及银行内部账目管理等方面的考虑，招商银行离岸业务部内部的记账和流水可以证明，上诉人招商银行合肥分行主观上想要取得议付行的地位，客观上也善意地履行了议付行为。为了证明这一点，律师团队特意委托安徽省合肥市中安公证处对招商银行国际结算业务远程通信系统中的案涉单据扫描记录、收单行宁波分行经办人与招商银行单证中心工作人员关于该笔业务所涉发票受益人签章是否存在问题的历史对话记录以及招商银行业务平台“集中作业系统”国际业务出口议付查询情况做出了公证，查明了其国际结算远程通信系统中将该笔业务记载为“出口议付”，符合UCP600第2条关于“在其应获偿付的银行工作日当天或之前向受益人预付或者同意预付款项，从而购买汇票（其付款人为指定银行以外的其他银行）及/或单据的行为”的规定，即符合第（2）项要求。

再次，招商银行离岸业务部已经全面审慎地完成了议付应当履行的审查义务。同样是根据以上公证文书，我方团队证明了接受单据的招商银行宁波分行工作人员与招商银行单证中心工作人员对该笔业务所涉单据涉及的签字、金额等进行了核对，当时开证行招商银行合肥分行和开证申请人安徽技术公司亦均认可单证相符、单单相符，即满足第（3）项要求。

最后，招商银行离岸业务部在收到开证行招商银行合肥分行承兑电文后于2014年4月9日、4月28日、5月13日分别向力峰公司支付了相关议付款，显然满足第（4）项要求。

综上所述，招商银行离岸业务部的押汇行为完全满足UCP600下成为议付行的所有规范要件，案涉押汇行为应被视为有效的承兑行为。我方律师从逻辑上严谨论证了案涉押汇行为的议付性质。这一步是最为关键的一步，押汇行为是否具有议付性质乃是本案最首要的争议焦点，如果我方可以将押汇与议付建立全同性，那么可以说，本案已经成功了一大半。可是我方团队认为，虽然UCP600下的定义已经足够清晰明确，但是在司法实践中，仅通过概念上的论证来解释押汇行为的议付性质是不够的。我国商事司法审判一贯尊重业内交易习惯，出口押汇作为一种商业行为，如果我方可以论证其符合一般行业惯例，那么无疑可以与概念解读相呼应，增强我方诉求的合理性。

2. 突破口二：从商业惯例出发，论证我方商业行为存在习惯上的合理性。

一审法院认为，出口押汇是一种借贷和担保相结合的融资手段，其基础法律关系是质押借贷关系。但实际上，出口押汇乃是议付行的一种行业惯例，是为已经完成的议付行为所进行的一种担保，其本质上应属于“买入应收账款”的融资行为，在国际贸易实践中被普遍采用。在出口押汇款项支付完成后，招商银行离岸业务部即取得议付行地位，这是一种符合习惯的商业行为。

为了证明这一观点，律师团队特别咨询了中国国际商会秘书局ICC CHINA银行技术与管理委员会（该组织的主要职能为参与制定、宣传和解释我国参加和认可的国际规则和惯例，本案中的关键规则UCP600就属于其中之一）。在与委员会成员商讨后，律师团队决定第二条诉讼路径要从商业惯例上进行突破。

我方认为，招商银行离岸业务部已通过《出口押汇申请书》买入了案涉信用证单据下的所有权。本案中，力峰公司虽向招商银行提交了《出口押汇申请书》，招商银行也同意为力峰公司办理出口押汇并在《离岸出口押汇审批书》中注明融资手续费、利息、还款方式等，但这些程序均符合一般交易习惯，并不能因此而否定招商银行的议付行地位。

首先，在交易过程中，招商银行离岸业务部严格遵循了 UCP600 第 14 条下所规定的单据审核标准，即已经做到了单单相符、单证一致的审单要求，远超一般借款质押业务的注意义务。比如，力峰公司申请押汇所提交的单据不包括信用证要求的箱单，但是在招商银行的审单记录中，招商银行离岸业务部却对箱单的真实性做出了审查、核对，满足一般议付行为的要求。

其次，案涉《出口押汇申请书》已经明确规定信用证项下单据一经押汇则视为招商银行对信用证项下汇票及/或单据付出对价而做出的议付，此种表述方式与一般的融资借款业务存在明显差异，由此可见招商银行与力峰公司均有对案涉信用证项下单据办理议付的意思表示。

再次，根据 UCP600 第 7 条“开证行责任”之规定，自信用证开立之时起，开证行即不可撤销地受到兑付责任的约束，倘若议付行提交到开证行的单据构成相符交单，开证行必须向对于相符交单已经承付或议付的指定银行进行偿付。而出口押汇项下的追偿权能否实现则受到多种因素干涉，存在较大的不确定性。招商银行离岸业务部之所以在办理案涉信用证议付的同时又就案涉信用证项下的单据办理出口押汇，是为了防止信用证遭到开证行拒付时的追索权落空，这是银行业为规避风险的一般操作程序与商业惯例，并不能据此认定招商银行不具有议付行地位。

最后，开证行已经对所开信用证做出了承兑。这里需要明确的是，“承兑”是一个属于《票据法》范畴的概念，UCP600 本身没有对何为承兑进行规定。此处可以参照《票据法》第 41 条、第 42 条的规定，承兑指付款人在收到提示承兑的汇票 3 日内在汇票正面记载“承兑”字样和承兑日期并签章的行为。但是信用证业务中的承兑与我国《票据法》规定的承兑又有所不同。按照一般商业模式，在信用证业务中，受益人向议付行提交的单据在转递给开证行后，若开证行经过独立审单决定接受单据，将信用证项下的票据留存，并通过 SWIFT 电文向议付行表示将于汇票到期日付款并注明汇票到期日，除非受益人或者汇票持票人要求开证行承兑后将汇票退回。尽管这种操作不太符合我国《票据法》的要求，但是在司法实践中，法院一直认可信用证交易中的国际通行做法。本案中，招商银行于 2014 年 3 月 27 日通过 SWIFT 电文向开证行招商银行合肥分行发送了跟单信用证单据清单并寄送了所附单据，招商银行合肥分行于 2014 年 4 月 9 日向招商银行合肥分行发送了代码为 799 的 SWIFT 自由格式电文，载明“其已承兑案涉信用证项下单据，汇票到期日为 2014 年 6 月 26 日”，扣除单据在途时间和相关节假日时间，承兑时间完全符合 UCP600 第 14 条、第 15 条关于开证行对相符交单在 5 个银行工作日进行承兑的规定，且招商银行合肥分行在承兑时不知道、也不可能知道力峰公司欺诈行为的存在，其承兑是善意的。

由此可见，招商银行离岸业务部在交易的过程中已经满足了作为议付行的注意义务与操作规范，其商业行为存在交易习惯上的合理性。至此，我方团队的说理已经臻于完善，概念解读可以与商业惯例相互印证，案涉押汇行为与议付建立了有效的关联，论证已经接近尾声。在这一阶段，我方团队认为，如果可以从案例，尤其是合肥市中级人民法院或者最高人民法院的判例中找寻到一些相关案例，将会补强我方论证逻辑，使结论更具有说服力。

3. 突破口三：从既往案例的角度出发，借助权威判例补强论证说服力。

在研究案例的过程中，我方律师团队在广泛调研相关判例后发现，一审法院在审理其他信用证欺诈的案件中，曾认定处境近似的其他银行的议付行地位，其裁判逻辑与本案审理标准存在显著差异，且对事实的认定和适用法律与在先判例存在明显的偏差。

我方团队了解到，在安徽省合肥市中级人民法院一审的“澳大利亚和新西兰银行（中国）有限公司上海分行与安徽安粮国际发展有限公司信用证欺诈纠纷上诉案”［（2011）皖民二终字第 00144 号］（以下简称澳新案）中，上海澳新银行所经营的业务为沉默保兑/出口信用证项下无追索权的贴现业务。在该案中，上海澳新银行虽然与案涉离岸公司（该案中的信用证欺诈方）之间签订有沉默保兑协议，但是因为上海澳新银行已经对受益人联创公司提交的案涉信用证项下的单据进行了审查，在确认单证相符后购买了该信用证项下的票据等单据，并在其应获偿付的银行工作日之前向受益人联创公司预付了案涉信用证项下的款项，由此获得了议付行地位。在这起案件中，合肥市中级人民法院认为，即便案外协议另有约定（如放弃追索权），只要银行的付款行为符合了 UCP600 第 2 条关于“议付”的形式要求，其议付行为即为有效，银行取得议付行地位。而在招商银行一案中，招商银行离岸业务部在对单据、单证做出了相应的审查后付款并完成交易，其也一并满足了议付行为的形式要件，但合肥市中级人民法院并没有如澳新案一般认可招商银行离岸业务部的议付行地位，与既往判例存在明显的差异。

除此之外，我方团队为加强论证基础，特别向最高人民法院《关于审理信用证纠纷案件若干问题的规定》的起草人之一、最高人民法院信用证纠纷有关专家探讨了本案案情，专家建议参考大连汇丰达国际贸易有限公司（以下简称汇丰达公司）与东亚银行（中国）有限公司大连分行（以下简称东亚银行）信用证议付一案（以下简称东亚银行案）。

根据（2014）民申字第 680 号民事裁定书，该案争议源于东亚银行根据汇丰达公司的申请向汇丰达公司议付了该案所涉信用证项下的款项，但东亚银行在向开证行请求付款时，被开证行以信用证项下存在不符点以及信用证欺诈、被韩国法院发出止付令等为由拒付，因而向受益人汇丰达公司行使追索权。经审议，最高人民法院三位法官一致认为：

（1）该案系信用证议付环节产生的纠纷，系信用证议付纠纷，应适用 UCP600。

（2）东亚银行的行为完全符合 UCP600 关于议付的规定，因此，东亚银行在本案所涉信用证法律关系项下是议付行。受益人汇丰达公司向东亚银行提交的申请书名称虽为出口押汇申请书，但从其内容看，汇丰达公司的真实意思是请求东亚银行购买 M1208106NS0 × × × × 号信用证项下的单据。东亚银行亦实际购买了该信用证项下的单据，且其向汇丰达公司出具的结算通知书中载明扣除的费用是信用证议付手续费。

（3）东亚银行享有对汇丰达公司的追索权。根据汇丰达公司在其向东亚银行出具的出口押汇申请书中的承诺，如开证行拒付，汇丰达公司保证向东亚银行全额偿还本案所涉信用证项下的融资金额，并承担由此产生的所有利息和费用。该约定是当事人之间真实的意思表示，并不违反我国法律、行政法规的规定，在开证行拒付的情况下，东亚银行即可以向汇丰达公司行使追索权。

由此可见，招商银行案件所涉出口押汇业务与上述东亚银行案极其相似，最高人民法院在该案中经过充分论证并认可东亚银行的议付行地位，没有因为约定了追索权而否定东亚银行的议付行地位，且相较之下，招商银行离岸业务部的交易行为更符合一般议付交易中的商业规范，其议付行的地位也不应遭到否定。

通过案例研读，我方律师团队充分认识到，本案件的二审胜诉概率很大，通过结合突破口一、突破口二，一审判决不充分的说理是完全可以推翻的。当然，因为我国并非判例法国家，类案说理仅可以起到补强的作用。此外，结合具体案情而言，澳新案、东亚银行案与本案虽然具有高度关联性，但是在细节方面还是存在一点偏差（比如，上海澳新银行在其协议中明确写明“购买”了案涉单据，而不是单纯的押汇；东亚银行案的止付令由韩国法院开具而非我国法院），故在说服力上还存在一定的欠缺。我方律师团队经过研究后，决定把说理的重心落在法律条文与商业惯例上，同时运用既往案例进行辅助论证，以最大限度地保证抗辩逻辑的合理性。

最终，经过律师团队的日夜辛劳，安徽省高级人民法院于2016年9月27日对本案作出了终审判决，撤销了安徽省合肥市中级人民法院的一审判决，驳回了安徽技术公司全部的诉讼请求，确认了招商银行的议付行地位。在终审判决书中，安徽省高级人民法院采纳了大多数我方团队的代理意见，这是对我方律师工作无声的认可，也是团队所期盼的荣誉。

（三）案件意义与启示

本案在一审法院判决实际让不存在任何过错的招商银行承担了全部风险和损失的情形下，通过我方律师对案件材料及相关知识的不断深入探究，最终在二审中证明了招商银行的议付行地位及其已对案涉信用证进行了善意议付的有利事实和理由，达到承办法官内心确信的程度，从而反败为胜，达成了大逆转的全胜结果。

出口押汇作为具有中国特色的一项国际贸易融资业务，虽然现如今已被广泛应用，但是UCP600以及我国现行的法律法规中都没有对其进行明确的规定，导致无论是理论界还是司法实务界，出口押汇的内涵和定义都没有定论。特别是出口议汇作为国际上通行的信用证项下议付概念的变通，从实务操作来看，二者极为相似，他们之间的联系也一直扑朔迷离。如此，不仅会给信用证交易各方造成不安心理，还会让法院在发生纠纷时无所适从。本案中的焦点问题即围绕招商银行的出口押汇行为是否构成议付行为展开。随着二审判决的公布，一切尘埃落定。

第一，本案二审判决表明无论是押汇申请人的《出口押汇申请书》还是押汇行的《离岸出口押汇审批书》，都并不必然否定押汇行的议付行资格。押汇行为性质的最终判定还需要根据具体情况进行分析。如果押汇行的行为符合 UCP600 规定的议付行为，即使存在押汇申请书或者押汇协议，该押汇行为的性质也仍有可能会被法院认定为是议付行为而不是狭义上的信用证出口押汇。

第二，该案的判决承认了出口押汇具有多重属性。二审判决表明了安徽省高级人民法院对于信用证出口押汇这一概念的认定态度，法院认可出口议汇不仅可以是具有融资属性的借贷关系，还可以是符合 UCP600 关于议付定义下的买卖单据及票据的议付行为。

第三，本案对议付行地位的认定方式和对于出口押汇概念的理解为司法实践打开了新思路。另外，聘请电子证据专家对证据进行开示和鉴定等审理环节在国内司法程序中属创新，对金融类及涉外金融业务类案件起到了重要示范参考作用。

第三节　业务畅享

这起案件从结果上看确实达成了最理想的结果，过程中的艰辛与付出已无须赘述。但是令人不吐不快的是，我们在研判案件的过程中切实体会到了学理与实务的鸿沟。

坦白地说，出口押汇并不见得是一种新生事物。早在改革开放初期，这项业务便已进入国内，并迅速成为业界通行的做法，受到了从业者的肯定。

比如1980年，一位名为郑林的学者在《国际贸易问题》上发文，认为出口押汇“对于银贸双方提高工作质效，加强经济核算，提高企业管理水平，加速本、外币资金的周转，都是有益的”。现在看来，这一结论的实务价值无疑很高，也具有相当的前瞻性。1991年，中国银行长江分行业务人员江群亦在《长江金融》上发文肯定出口押汇的实务价值，认为其“有利于提高外贸银行的单证业务水平，为安全及时收汇创造了条件”。其还对出口押汇业务进行了操作指引，认为从事该业务必须做到“严格审核单据，做到单单一致，单证一致”，“并经银行审核收汇有把握者，银行才能接受办理”。

但是从整体上来看，学术界对押汇行是否可以取得议付行地位这一问题却持否定态度。一部分学者往往从概念、定义等角度出发，僵化、死板地对出口押汇做出各种解释，试图把一种在实务上常见的概念套入法律框架中加以规限，从而得出了诸多与实务操作相悖，甚至有害于实务的推论。比如，暨南大学某金融系教授认为，“出口押汇额度在很大程度上与融资银行的主观判断……有关”，而“以议付方式提供融资就不存在额度比例，可由当事银行酌情和自主地进行量化”。上海大学某法学院教授声称：“押汇行对受益人所提交的单据可不予审核，也可以有条件地接受不符点单据，如实践中有的银行对受益人提供其他担保的不符点单据亦给予融资，在不符点单据遭拒付也不能从受益人那里受偿的情况下，有权从保证人或通过变现担保物受偿。”宁波大学某国际交流学院教授更是直接把出口押汇认定为“一种票据转让关系或权利买卖关系，且是一种附有较大程度清偿保证的票据转让关系”。

虽说学术自由兼容并包，学者们存在不一样的看法也是正常的，死抠概念、逻辑也没有什么不对的地方（本案的突破口之一即为法条概念本身），但不得不说理论与实务差距过大在一定程度上影响了司法实践中法官对押汇行为的认定，对我们的工作产生了困扰。幸而，二审法院的业务能力较强，成功剖析了押汇行为的议付本质，及时修正了一审法院的错误判决，达到了程序正义与实体正义的相统一，取得了令人欣慰的结果，也希望未来学术界能够与实务界达成一致，尽可能推动立法、减少司法盲区。

第四章　跨境知识产权保护业务

第一节　业务内容介绍

金诚同达在成立之初就以“面向科技领域、面向科技企业、面向科技成果、面向科技人才”为服务方向，创出了以知识产权为主业的服务品牌，在协助企业建立有效的知识产权保护机制方面和在专利、商标、软件、商业秘密诉讼方面的专长，得到业界的广泛承认，为客户提供了优质的国际知识产权保护、国际技术转让、技术服务和国际商标许可等法律服务。近年来，传统的知识产权业务不断扩展包含了网络知识产权、电子商务、许可证贸易、特许经营和高新技术等高端知识产权业务的法律服务。

跨境知识产权业务是国际贸易法律服务的重要业务之一。笔者团队在跨境知识产权争议解决领域具有丰富的经验，能够高效、有针对性地为中国企业制定跨境知识产权保护方案。

在走出国门拓展业务与发展品牌的过程中，中国企业长期遭遇竞争对手利用知识产权阻止其拓展业务的种种问题。以美国为例，美国法律允许知识产权所有人就涉及进口美国产品的不公平行为向美国国际贸易委员会（ITC）发起“337 调查”，指控中国出口产品可能存在侵犯美国专利、商标和著作权以及窃取商业秘密等行为。一旦出口企业在这些调查中败诉，将导致产品被禁止进入美国市场。

第二节　案例分析

一、金诚同达助力加拿大海鲜渔业有限公司在中国的知识产权维权之路成功

（一）案情简介

加拿大海鲜渔业有限公司（Clearwater Seafoods Limited Partnership，以下简称 Clearwater）是集捕捞、加工、包装、销售于一体的大型海鲜产品公司。Clearwater 成立于 1976 年，从一家位于加拿大新斯科舍省的小型本地龙虾零售商发展成北美最大的垂直整合海产品公司之一，以其卓越的品质、食品安全、物种多样性和可靠的全球优质海产品交付享誉全球。

Clearwater 拥有由多艘具备船上冷冻、加工能力的捕捞船组成的捕捞船队，在加拿大各地拥有多个加工厂，在北美、欧洲及亚洲均设有办事处，包括中国北京、上海、广州办事处。

自成立以来，Clearwater 一直致力于发展科学捕捞、人文关怀、技术创新以及资源整合，以维持和发展其海产品资源。这一承诺使公司在当今全球海产品市场和可持续海产品方面保持领先地位。

经过 40 余年的不懈努力，Clearwater 现已发展为拥有最多贝类捕捞许可证的加拿大海产公司及全球最大的海产公司之一。进入中国 20 多年来，Clearwater 在中国海鲜市场以其卓越的品质和先进的食品安全管控体系位列市场领先地位。

正是由于 Clearwater 在全球及中国海鲜产品领域累积了极高的知名度和美誉度，近年来有不少不法分子在国内海鲜市场以伪造 Clearwater 产品包装、假冒 Clearwater 相关注册商标等的方式，售卖自制劣质海鲜产品，以假乱真，严重损害了 Clearwater 公司和品牌的商誉、扰乱了市场竞争秩序。劣质海鲜产品关乎食品安全，有损害消费者生命健康之虞。因此，Clearwater 在中国展开知识产权维权行动具有极大的现实紧迫性。

2019 年起，Clearwater 在与本所律师的协同合作下，陆续发现了多起假冒 Clearwater 注册商标及产品包装的涉嫌侵权案件，按时间顺序梳理如下：

（1）2019 年 8 月，Clearwater 发现某连锁高端进口超市售卖的 Clearwater 北极贝产品仍在使用早已停用的旧包装盒，本所律师对该超市在上海的所有分支机构展开逐一调查，锁定涉嫌侵权产品后进行公证购买，并向上海市浦东新区知识产权局进行行政投诉。

（2）2019 年 9 月，Clearwater 发现上海某大型海鲜批发市场有多家店铺售卖假冒的 Clearwater 北极贝产品，遂委托本所律师进行深入调查，后本所调查员经过历时 3 个月的持续追踪调查，最终锁定假冒 Clearwater 北极贝产品的进货来源，并摸排清楚假冒产品的规格、售价、包装等具体情况。

（3）2019 年 12 月，Clearwater 发现上海某大型海鲜批发市场中有一家店铺售卖旧包装的 Clearwater 北极冰山蚌产品。上述旧包装与 Clearwater 的原始设计几乎完全一致，仅在整体颜色以及规格上存有区别，但本所律师仔细比对后发现多处拼写及规格印制错误之处。本所调查员持续关注该店铺的进货和售货情况，并购买相关涉嫌侵权产品。本所律师在掌握初步情况的基础上，首先向上海市公安局浦东分局报案，寻求刑事救济，后转而提起民事诉讼，主张对方构成商标侵权并尝试要求惩罚性赔偿，本案历时 2 年最终以民事调解方式结案。

在本所律师的协助下，Clearwater 有效打击了中国市场上的知识产权侵权行为，阻遏了不法分子的嚣张气焰，在获得经济赔偿的同时也维护了自身商誉。同时，本所律师亦在提供专项法律服务的过程中，为 Clearwater 各部门业务人员提供了知识产权法律培训，提高公司维权意识，以更有效、更及时地发现市场上存在的知识产权侵权情况。

（二）多元化维权策略布局

对于知识产权维权案件，无论是维护著作权、专利权、商标权还是反不正当竞争法项下的权益，权利人都可选取民事、行政和刑事三种救济途径。三种维权途径各有所长，律师会根据案件具体情况与当事人商议选择何种方式高效维权。Clearwater 在中国的知识产权维权行动恰好涵盖了民事、行政和刑事这三种救济途径，是多元化维权策略的综合运用，可以为权利人合理选择维权方式提供一定启示。

现以维权途径为维度进行详细阐述。

1. 行政维权途径

针对 Clearwater 发现的某高端进口连锁超市售卖的涉嫌假冒北极贝产品，我们即刻展开初步市场调查，逐一走访了该连锁超市在上海的分支机构，并在上海浦东陆家嘴的一家店铺发现在售假冒 Clearwater350g 北极贝产品。

由于该高端进口超市位于上海最为繁华的商圈之一，且客流量极大，我们不确定该店铺是否还有存货，为防止目前发现的在售商品随时可能售罄，我们立即联系了上海东方公证处的公证员，对涉嫌侵权产品进行公证购买。

此后，我们对该连锁超市的多家店铺又进行了回访调查，发现相关店铺对涉嫌侵权的北极贝产品均没有进行补货。结合对该产品价格等相关因素的深入了解，我们分析认为，针对该款北极贝产品在该连锁超市范围内可能查获的案值不大，可能会达不到刑事立案标准，而民事诉讼耗时较长，Clearwater 在本案中的主要目的是尽快制止侵权，因此，我们与客户商议后选择了时效较快且能够达到制止侵权目的的行政救济途径。

鉴于此，我们向涉案进口超市所在的上海市浦东新区知识产权局提起了行政投诉。鉴于 Clearwater 前期已在中国进行了较为完善的知识产权布局，对涉案包装上明确标示的“Clearwater”图形商标、“北极贝”文字商标等都在第 29 类相关商品项目上进行了申请并核准注册，而涉案假冒北极贝产品包装上也使用了上述注册商标，显然构成对 Clearwater 的商标侵权。我们选择以商标侵权为着眼点提起行政投诉，请求行政机关：（1）责令被请求人立即停止侵权行为，立即停止销售带有侵权商标的产品；（2）责令侵权当事人交代并提供有关侵权产品的来源及其他有关情况，根据线索情况尽可能予以追查；（3）检查被请求人的销售点和仓库，查封、扣押、收缴侵权产品及商标标识并予以销毁；（4）查阅、复制与侵权活动有关的合同、账簿等业务资料，调查与侵权活动有关的行动；（5）收缴专门用于商标侵权的模具、印版和其他工具；（6）对被请求人处以包括罚款在内的行政处罚；（7）责令被请求人出具保证书，保证不再侵犯请求人的知识产权，同时就已发生的侵权行为向请求人赔礼道歉；（8）责令被请求人赔偿请求人因其侵权行为而造成的直接经济损失；（9）关闭网络销售平台上侵权产品的售卖渠道并删除有关网络侵权宣传信息。

经过我们与行政机关承办工作人员的多次沟通，2019 年 12 月，上海市浦东知识产权局与上海市公安局浦东分局前往该超市展开联合执法行动，对现场发现的在售涉嫌侵权产品和存货进行封存，并责令超市负责人提供该产品的供货商信息。后经查实，涉嫌侵权产品的销售金额尚未达到刑事立案标准。2020 年 6 月，上海市浦东知识产权局在其出具的行政处罚决定书中认定，涉案超市销售的北极贝产品上未经商标权利人许可标有的“Clearwater”商标与商标权利人的注册商标相同，且使用在同一种商品上。当事人销售上述北极贝产品，属于《商标法》第 57 条第 3 款规定的“有下列行为之一的，均属侵犯注册商标专用权：（三）销售侵犯注册商标专用权的商品的”情形，侵犯了 Clearwater 的注册商标专用权。故责令该超市立即停止销售标有 Clearwater 相关注册商标的北极贝产品。

因此，Clearwater 在本案中通过行政维权途径达到了快速制止侵权、消除影响的目标，同时也在行政机关调查过程中发现了涉案假冒产品的上级供货商，为下一步顺藤摸瓜调查出假冒商品来源奠定了基础。

2. 刑事维权途径和民事维权途径

针对 Clearwater 在上海某大型海鲜批发市场上发现的疑似假冒冰山蚌产品，本所调查员前往该市场对可疑店铺进行逐一排查，并在其中一家店铺购买到假冒 Clearwater 冰山蚌产品。该产品使用 Clearwater 早已弃用的旧包装，但仿冒包装存在拼写错误或规格标示错误的现象，如将“Clearwater”拼写成“Cleanwater”，假冒产品标示的规格也是原正品包装不存在的 M 规格。

由于该批仿冒产品包装简陋、错误明显且制假手法粗糙，根据我们以往的经验，有可能系由单店小作坊手工完成，没有大型制假场地和库房。在持续数月的跟踪调查过程中，尽管店铺地址和联系方式发生变化，涉嫌侵权店铺的工作人员也较为警惕，但是我们仍通过店铺老板等多渠道了解到该店铺存有大量涉嫌仿冒变造的 Clearwater1000g 冰山蚌产品。同时，该批仿冒变造的 Clearwater1000g 冰山蚌产品外包装明显涉嫌商标侵权，且当前获悉的存货数量较为可观。对此，经我们与上海市公安局浦东分局经侦警官的初步沟通，承办警官初步认为目前所掌握的情况基本符合“假冒注册商标罪”“销售假冒注册商标的商品罪”的立案标准，但后续能否成功立案并追究相关制造、销售人员的刑事责任，需以公安机关调查取证情况为准。

2020 年 7 月，上海市公安局浦东分局正式立案，随后警方前往涉案店铺及仓库共查处 703 盒假冒 Clearwater 北极冰山蚌产品。在案件审理过程中曾有线索表明，本次涉案产品系由北京新发地批发市场提供，承办警官本打算前往北京深入调查源头，但当时正值北京疫情较为严重的时期，尤其新发地批发市场更是处于封闭管控状态，故警方未能前往北京深入调查取证。

由于现场查扣量货物案值没有达到刑事立案标准，我们又采取了民事诉讼救济措施。与刑事救济措施相比，民事诉讼的提起不必达到“假冒注册商标罪”“销售假冒注册商标的商品罪”的起刑金额，仅需要证明对方存在知识产权侵权行为，同时也可以要求获得经济赔偿。

Clearwater 于 2015 年 3 月 21 日取得了“北极冰山蚌”中文注册商标（商标注册证号：第 12660509 号）；于 2015 年 4 月 14 日取得“Clearwater”图形注册商标（商标注册证号：第 8966982 号）；于 2018 年 6 月 7 日取得“冰山蚌”中文注册商标（商标注册证号：第 24442535 号）。以上三个商标均注册在第 29 类，核定使用的商品包括“蛤（非活）、贝壳类动物（非活）、蚌（非活）”等。经过 Clearwater 的大量宣传和使用，上述商标在中国具有极高的知名度与美誉度。

涉嫌侵权主体在其店铺及微信平台上销售的假冒“北极冰山蚌”产品使用的产品包装系模仿 Clearwater 停止使用的包装式样，且包装上清晰地印有与 Clearwater 所持有的“北极冰山蚌”、“冰山蚌”和“Clearwater”注册商标完全相同的标识，已严重侵害 Clearwater 所享有的商标专用权。

鉴于涉嫌侵权主体完全仿冒 Clearwater 商品包装，未经 Clearwater 许可在相同商品上使用与 Clearwater 注册商标完全相同的标识，且同时侵犯 Clearwater 多个注册商标，涉嫌侵权主体侵权恶意明显。此外，因侵权产品涉及食品，流入市场后有危害消费者人身安全之风险，同时给 Clearwater 的商业信誉带来了极大的负面影响。因此，我们认为，针对涉嫌侵权主体的商标侵权行为，应在 Clearwater 所受损失的基础上适用惩罚性赔偿。

虽然本案因权利人系国外主体，相关法律文件的海外公证认证流程因疫情受到影响，且法院法律文书的送达亦遇到障碍，但是本所律师在此过程中积极配合法院并与侵权方充分沟通，最终代表 Clearwater 与涉嫌侵权方在法院主持下达成和解，涉嫌侵权方承诺立即停止生产、销售含有涉案商标标识或与涉案商标相近似标识之侵权产品，并保证今后不再侵犯 Clearwater 的知识产权，包括但不限于商标权、专利权、著作权、商业秘密等，并保证不对 Clearwater 进行任何不正当竞争行为。同时，涉嫌侵权主体承诺向 Clearwater 一次性支付和解金，以偿付 Clearwater 因商标侵权造成的损失。

（三）案件意义与启示

Clearwater 作为全球最大的海产公司之一，拥有北极贝、冰山蚌等多种产品，畅销全球。进入中国市场的 20 多年间，Clearwater 以优质的产品质量赢得了广大消费者的认可，在国内海产品领域的知名度和美誉度日渐提高，故在国内市场上侵害 Clearwater 知识产权的产品也屡见不鲜。

Clearwater 在中国的知识产权维权之路是由行政、民事和刑事三种救济途径共同铺就而成的，基石是 Clearwater 在中国进行的全面知识产权布局。Clearwater 在进入中国市场后，逐步构建起自己的知识产权体系，将重要商标及主要产品名称（如“冰山蚌”“北极冰山蚌”“北极贝”）在第 29 类水产品等相关项目上申请注册商标。

我们也遇到过很多跨国公司进入中国市场后遭遇到“水土不服”的情况，虽然产品质量卓越，但是由于没有注重前期的知识产权布局，被同行业其他公司抢注商标，等发现的时候尤为晚矣，只能将自己倾力打造的品牌知名度为别人做“嫁衣”。Clearwater 也是得益于其具有前瞻性的知识产权布局，才能够在本次一系列的知识产权维权行动中抢占先机，否则可能只能依据《反不正当竞争法》等其他法律保护自身合法权益，但大概率将承担更重的举证责任和败诉风险。

除了前期的知识产权布局，跨国公司还要培养敏锐的侵权洞察能力。本次维权行动的最初线索既有 Clearwater 通过经销商等渠道自行发现的，亦有本所律师进行深入跟踪调查的发现，随后再委托本所律师进行后续维权路径设计。这种合作方式既可以高效准确地锁定侵权主体范围，又能够节约时间、更快准狠地打击侵权行为。

当然，敏锐的侵权洞察能力除了需要对市场充分了解，更重要的是还需要工作人员对知识产权法律的基本了解。例如，员工需要了解公司拥有哪些权利基础（“维权武器”），各种类型的侵权行为构成（如典型的商标侵权、专利侵权、著作权侵权、侵害商业秘密等情形），如何使用手中的“维权武器”打击侵权。这一步的完成由律师主导，但前期员工需要尽可能在不打草惊蛇的情况下进行证据收集等工作。我们在为 Clearwater 提供打击知识产权侵权法律服务的同时，也为公司员工提供了知识产权法律培训，以期在未来维权之路上展开更高效的合作。

最后，对于知识产权维权路径的选择，需视案件具体情况和客户需求而定。一般而言，行政救济途径适合侵权情节较为简单、侵权判断标准较为客观、侵权行为较为明显的案件，同时适用于客户对获得经济赔偿的期待不高但要求及时制止侵权行为的情形。刑事救济途径对侵权者具有极高威慑力，但需要达到《刑法》规定的起刑点，例如，“假冒注册商品罪”至少应该达到“情节严重”的标准，即“非法经营数额在五万元以上或者违法所得数额在三万元以上的”，如涉及“假冒两种以上注册商标”，立案标准可相应降低为“非法经营数额在三万元以上或者违法所得数额在二万元以上”。本案由于疫情原因无法继续追查侵权产品源头，不得不暂停刑事程序。刑事救济程序立案后公安机关可以借助公权力为权利人搜集更多有效证据。例如，假冒北极冰山蚌店铺的存货和仓储地点均依靠公安机关调查得知，也为后续民事诉讼程序的举证提供了一定帮助。民事诉讼程序可兼顾制止侵权和赔偿损失之目的，还可以根据案件情况要求惩罚性赔偿，但相较于行政投诉而言普遍耗时较长。此外，以诉促和也是知识产权维权的重要策略之一，最终也为本案画上了圆满的句号。

二、中国钢铁企业在美国“337 调查”中获全胜

（一）案情简介

2016 年 4 月 26 日，美国最大的钢铁公司——美国钢铁集团公司（以下简称美钢）向美国国际贸易委员会（ITC）提出“337 调查”申请，指控 40 家中国碳素及合金钢铁产品生产或销售企业生产、销售的部分产品存在不公平贸易行为，违反了美国《1930 年关税法》（Tariff Act of 1930）第 337 节（以下简称“337 条款”）的规定，请求 ITC 启动“337 调查”。

美钢提出的不公平贸易行为具体包括 3 项：

一是指控中国钢铁企业在中国钢铁工业协会（以下简称钢协）的组织下，形成垄断联盟，通过价格同盟、控制产量及出口量等手段，与美国钢铁企业进行不正当竞争，即“反垄断诉点”；

二是指控中国政府于 2010 年和 2011 年利用黑客对美钢发动网络攻击，窃取商业秘密供中国国有钢铁企业研发高级高强度钢，中国钢铁企业随后将生产的产品出口至美国，即“窃取商业秘密诉点”；

三是指控中国企业为逃避美国反倾销和反补贴税令，虚构产品原产地，从其他国家转运钢铁产品出口至美国，即“虚构原产地诉点”。

在近几十年美国的反垄断执法实践中，反垄断调查权均归于 1914 年成立的美国联邦贸易委员会（Federal Trade Commission，FTC）而不是 ITC。在“337 条款”项下发动反垄断调查是 ITC 过去 40 多年来的第一次，备受外界关注。一旦美钢成功，可能对其他行业形成连锁效应。

另外，美钢起诉书中有关“中国政府利用黑客窃取美国钢铁公司生产高强钢的商业秘密交给中国国有企业进行使用”的措辞，已经将知识产权上升到国家信息安全层面，在当时的国际形势下，这一指控让事情变得更加敏感和复杂。

此外，美钢关于虚假原产地的指控，更是对中国钢铁行业全球出口体系的挑战。该项指控一旦成立，不仅会影响中国钢铁对美国的出口，还会影响对东南亚等多个国家的出口，牵一发而动全身。

以上原因让该案从出现的那一天起，就注定成为各方关注的大案。

虽存在滥用诉权的争议，但在美钢发起“337调查”申请一个月后，2016年6月2日，ITC正式启动了调查。在ITC的立案公告中，共确定了40位被告，既包括生产商，也包括分销商，还包括上述提及企业的关联实体。中国所有大型骨干钢铁企业都在其中，涵盖中国对美出口的所有钢铁产品。企业和产品涉案之广在中国遭遇的美国“337调查”案件中前所未有。根据“337调查”的程序，ITC正式立案后，被告需要在20天内决定是否应诉。于中国钢铁行业而言，在美钢的偷袭下，一场没有硝烟的“战争”已经打响。

在“337调查”中，被告如果不应诉，可能会被认定为是缺席被告。一旦ITC就某一被告作出缺席裁定，原告在申请书中对缺席被告的指控将被认定是真实的，其可以向ITC提出对缺席被告立即采取救济措施。ITC可以在认为不影响公共利益的情况下，对缺席被告采取排除令、制止令或两者并取。

排除令包括有限排除令和普遍排除令，有限排除令主要是针对中国被诉企业的涉案产品禁止进入美国，普遍排除令是针对中国所有企业的涉案产品禁止进入美国。制止令是禁止继续销售已经进口到美国的产品，它主要针对美国企业，尤其是被诉企业在美国的分支机构。

2016年，中国对美出口钢铁产品的贸易额为28亿美元，数值不高，但是根据“337调查”程序，美方一旦裁定企业有违规行为，相关产品或被永久禁止进入美国市场。也就是说，一旦败诉，中国钢铁将面临彻底被美国市场拒之门外的后果。对中国钢铁来说，虽然对美出口额不大，但美国仍是检验产品影响力并获得更高利润的重要标杆市场，因此美国市场一旦被彻底关上，后果依然非常严重。

此外，一旦ITC作出了反垄断认定，可能还会在美国引发FTC的调查甚至多起反垄断民事诉讼，且如果美国调查机关作出了反垄断认定，其他国家可能也会跟进展开反垄断调查，从长远来看，将造成难以估量的损失。最重要的是，如果败诉，美钢关于窃取商业秘密的指控将极大伤害中国钢铁产业及中国政府的声誉，对钢铁产业乃至国家的长远发展都将产生极为恶劣的影响。

在这种情况下，在钢协的积极组织下，涉案钢铁企业们，包括宝钢、河钢、首钢、马钢、鞍钢、武钢、沙钢等都积极参与以上三个诉点的应诉工作。

历经近 2 年的艰苦抗辩，本次调查最终以中国钢铁行业在三大诉点上的全面胜诉而告终。

（二）应诉策略

1. 积极应诉，灵活组建应诉团队

在对案件有了充分了解后，钢协组织各主要涉案企业召开了会议。中国钢铁企业很快在会上达成一致，在钢协的统筹安排下，众筹集资，坚决应诉。钢协组织企业选聘律所时，凭借过往业绩、专业能力以及对案件的了解和分析，拥有国内一流国际贸易律师团队的金诚同达联手美国 Covington & Burling LLP 律所（以下简称科文顿），成了该案的代理律所。

在被确定选聘后，金诚同达和科文顿立即开始着手组建律师团队，并开始指导相关企业组建团队，协同钢协制定工作机制，聘请行业专家，进行各种准备工作。

2016 年 6 月 6 ~7 日，金诚同达及科文顿律师团队协助钢协在上海宝钢面向所有涉案企业开展了应诉辅导。第一天主要介绍整体应诉策略，第二天分组进行企业访谈和初步情况摸排，并进行证人培训：由一名中方律师扮演证人，接受美方律师的询问，在企业面前演练美国交叉询问的场景，帮助应诉企业对“337 调查”获得初步的认知和感知。

第二天的访谈结束后，律师团队很快意识到，只有金诚同达与科文顿代表整个中国钢铁行业进行应诉的策略，可能走不通。

与传统反倾销、反补贴及保障措施这样的贸易救济调查程序不同，“337 调查”在程序上适用美国民事诉讼的很多规则。第一阶段是由 ITC 审查原告诉讼请求能否成立，如果成立则立案。立案后进入事实证据开示环节，之后是证人证言环节，即基于之前已开示的文件，确定公司证人、个人证人、专家证人，双方律师对证人进行交叉盘问，并整理成证词。以上是庭前程序，庭前程序结束后进入到开庭环节。这里的每一个环节都涉及许多细致工作，比如最开始要确定涉案公司的哪些关联公司需要纳入案件应诉或排除在外；

在证据开示环节需要在公司内部进行大量访谈，确定证据范围，并对相关文件进行保存、提取、审查和开示；在证人证词环节需要明确证人范围，结合证据开示，对证人进行培训。

由于每一家钢铁企业都是“巨无霸”，员工以数十万计，关联公司也非常庞杂，因此无论是梳理公司架构，确立证据开示范围，还是收集整理证据、培训证人，工作量都是巨大的。

出于以上考虑，金诚同达杨晨律师主动提出改变诉讼代理的组织架构。2016 年 6 月 7 日分组培训结束后，6 月 8 日，金诚同达与科文顿在钢协组织下，与各被诉钢铁生产企业就调整代理律师的问题进行了电话会议讨论。

最终经讨论决定，将此前金诚同达与科文顿统一代理所有应诉企业的方式转为由金诚同达和科文顿就反垄断诉由担任主诉律师，处理反垄断诉点的行业共性问题，反垄断个性问题以及商业秘密和虚假标识原产地指控的应诉及证据开示工作，由各家被诉钢铁生产企业单独聘请律师。金诚同达和科文顿作为牵头律所，负责协调各家企业的代理律师，定期召开所有应诉企业律师的律师团会议。

在新的抗辩策略下，涉案钢铁企业们，包括宝钢、河钢、首钢、马钢、鞍钢、武钢、沙钢等，陆续聘请了自己的代理律师。金诚同达被聘为反垄断诉点行业共性问题的行业应诉牵头律师，与科文顿一同为中国钢铁企业提供整体法律抗辩服务。同时，金诚同达代理了宝钢、河钢、马钢三家企业的商业秘密和虚假标识原产地指控诉点。金诚同达北京总所、上海分所及合肥分所近 40 名律师组成了强大的律师团一同参与本案工作。

新的应诉组织结构和分工的确立，既确保各方在垄断诉点的行业共性问题上能够形成合力，又保证各个企业在反垄断个性问题以及各自商业秘密和虚假标识原产地指控的应诉及证据开示工作不存在利益冲突，同时还保证有充足的律师团队力量能为各个企业提供服务。更重要的是，形成了律师团制度，通过定期会议讨论沟通，在应诉策略和疑难程序问题应对上集思广益，充分动员多方力量。

2. 三个诉点各个突破

“337 调查”的对象为不公平竞争行为，包括进口产品侵犯美国知识产权的行为以及进口贸易中的其他不公平竞争。在以往的“337 调查”里，90%的案件是知识产权案件，少部分是商标案件和刑事案件，很少出现利用“进口贸易中的其他不公平竞争”这一兜底条款进行反规避调查的情形，更是极少出现反垄断调查。而钢铁行业作为流程非常透明的传统重工业，极少发生知识产权方面的摩擦，更没有涉及过“337 调查”。

由于美国已经 40 多年未在“337 条款”项下发起反垄断调查，且把反垄断、商业秘密和反规避三个诉点放在一起也是第一次，无论是 ITC、美钢、美方律师还是中方企业及其律师，都没有相关经验，程序上怎么走，每个阶段应该做什么，全是未知数。

在该案调查期间，美国商务部（United States Department of Commerce，DOC）还在同期进行了一个对中国钢铁产品的反倾销、反补贴调查，二者调查的产品存在重叠。抓住这个点，金诚同达和科文顿以 ITC 立案程序中未依法通知 DOC 这个程序问题为突破口，向 ITC 行政法官递交了终止调查的申请。7 月 6 日，本案行政法官签发命令暂停了案件审理，中止了所有证据开示及动议程序。虽然最后在美钢律师的推动下，ITC 重新履行了对 DOC 的通知程序并在得到其答复后，在 8 月 5 日重启调查。但是这次程序暂停为各家应诉企业争取了宝贵的一个月，使中国企业有更多的时间就本案的应诉策略进行探讨并做好更为充分的准备。

针对美钢的三个诉点，中方律师团队经过分析后认为，反垄断问题在美国“337 调查”中极为罕见，也最为复杂，ITC 和律师都没有足够经验，因此从开始就制定了打程序而不去纠缠实体的抗辩思路，将应诉重点放在力证美钢不具有提起“337”反垄断指控的资格以及没有证明反垄断法所要求的损害成立上。

其中，针对窃取商业秘密诉点的应用策略相比其他两点更为具体，基于前期的资料收集和分析，尤其是基于对宝钢研发能力的信任，律师团队判断商业秘密是最有希望率先攻破的诉点，一旦攻破，不仅能够对原告产生威慑，还能对审理案件的行政法官形成心理上的冲击。因此，商业秘密诉点被定为整个应诉战役中的第一突破口。

关于虚假原产地诉点，分析美钢举证的材料之后，各企业均认为美钢的指控非常牵强，初步自查数据后发现其与企业自身实际运作不符。同时，各企业和律师团队对此有非常丰富的应诉反倾销和反规避调查的经验。各企业一致同意在这个诉点上积极进行证据开示工作，正面硬扛美钢的指控。

（1）窃取商业秘密诉点：缩小调查范围，集中力量寻求突破。

尽管在以往的“337 调查”里，90% 的案件是知识产权案件，少部分是商标案件和刑事案件。但是钢铁行业作为流程非常透明的传统重工业，极少发生知识产权方面的摩擦，更没有涉及过“337 调查”。在商业秘密诉点上，从起诉开始，美钢联为中国企业埋下了“陷阱”。原始起诉书中，美钢对于中国企业盗窃商业秘密的指控只有一句话：“中国政府利用黑客窃取美国钢铁公司生产高强钢的商业秘密，交给中国国有企业进行使用。”对于中方窃取了哪些技术、通过什么方式窃取均无具体说明。对于这种情况，律师团队确定的策略是尽量缩小调查范围，不给美钢无限发挥的法律和事实空间。

①明确涉案企业范围。

针对原始起诉书中美钢对于商业秘密诉点涉及哪些企业语焉不详的情况，2016 年 8 月 18 日，中方代理律师起草了针对 ITC 21 号令的答复意见，力证商业秘密诉点与宝钢之外的企业无关，因而应单独进行该诉点的调查程序。8 月 29 日，行政法官签发 26 号令，认定商业秘密诉点仅与宝钢有关，并以单独的程序处理商业秘密事宜，阻止了美钢就商业秘密事宜与其他被告继续进行证据交换的意图。

②进一步明确商业秘密的范围。

在与企业研发人员充分沟通的基础上，中方律师与美钢明确了商业秘密的具体范畴，把所有的东西都先定义清楚，不给对方留有变卦的空间，避免中方在后期陷入被动局面。通过明确商业秘密诉点的具体技术范畴，为之后的抗辩打下良好基础。

③充分进行证据开示。

在证据开示环节，中方律师团队同样采取了一定技巧。在证据开示环节，中方律师团队决定给美方律师团队提供海量材料，只要美钢索取的，即使与本案没有直接关联也积极提供，从而使对手很难从材料中找到相关信息，增加对方工作量，分散对方注意力。同时，为了保证提供的材料不会泄露国家和商业秘密，中方律师与专业的电子证据供应商进行了多轮沟通，组织大量人力对材料进行了持续一个多月的审阅和筛查。

另外，根据美国“337 调查”程序相关要求，证据开示中会涉及电脑镜像，即通过第三方的电子证据供应商，将整个电脑硬盘的所有内容制作成一个一模一样的副本，然后通过关键词检索等技术，把涉及案件的文件全部抓取，上传到平台上供双方律师审阅。这有可能抓取到对自己有利的文件，也有可能抓取到对自己不利的文件。为此，中方律师也通过提交抗辩意见，不断明确我方的证据、证人，缩小了证据开示范围，降低风险。

立案 8 个月后，在商业秘密诉点上，经过事实证据开示和对双方证人的庭外取证等一系列复杂和充满挑战性的程序，已无“弹药可用”的美钢意识到再和宝钢在商业秘密上纠缠不会有好结果，于是在 2017 年 2 月 15 日撤回了针对宝钢商业秘密侵权的指控。2017 年 2 月 22 日，本案法官发布了 56 号令，批准美钢终止商业秘密诉点调查的动议。这意味着，商业秘密诉点终获全胜。在美国“337 调查”历史上，这是中国企业首次获得商业秘密类案件的胜诉。

（2）虚假原产地诉点：各公司全面应诉，大打证据战。

原告美钢指控，多年来，DOC 对中国进口碳素及合金钢产品施以反倾销和反补贴税令。中国被诉企业为了逃避这些税令而提交虚假文件，通过从其他国家转运产品的方式向美国掩饰钢材的原产地和生产厂，最终欺骗国内钢材消费者。上述行为构成了违反《兰哈姆法案》（美国法典第 15 卷第 1125 节第 a 条第 1 款）所规定的不公平行为。

原告描述了他们以钓鱼方式进行的证据搜集。在证据搜集过程中，原告方冒充美国进口商向多家中国钢铁贸易商（以下简称钢贸企业）询价，表示希望进口中国宝钢、河钢、马钢等企业的优质碳素及合金钢产品。在确定购买意向后，原告方又通过表示对反倾销和/或反补贴税的担忧，诱使这些钢贸企业提出通过第三国转运以规避反倾销和/或反补贴税的方案。

在实践中，各钢铁企业参与过多国对中国不同钢铁产品发起的反规避调查，以及由此而引发的反规避调查。但“337 调查”项下的反规避调查还是第一次碰到。马钢、河钢、宝钢、武钢、鞍钢、首钢、沙钢等中国 7 家钢铁企业应诉了虚假原产地诉点。由于各应诉企业对美钢的指控已经进行了初步自查，对驳回美钢指控非常有信心，在这个诉点上，各应诉企业按照“337调查”程序规定，按部就班地进行答辩和证据开示工作，并在证据开示和证人证言方面做了大量的准备工作。

①积极答辩和进行初步证据开示工作，力争行政法官初裁支持。

2016年6月，各应诉企业相继提交了答辩状以及首轮证据开示问卷回答。2016年10月，各应诉企业相继进行了第一轮的证据开示工作。2016年10月，各应诉企业相继提交第二轮质询问卷和文件要求回答，并根据第二轮质询文件要求，开始第二轮证据开示的准备工作。

本案行政法官于2017年1月11日证据开示尚未实质完成之前，就作出初裁支持中国企业的终止虚假来源诉点的动议，认为原告未能提出被告存在虚假原产地非法行为的具体事实，不符合发起“337调查”起诉的基本要求。但委员会于2017年2月27日决定对行政法官初裁进行复审，并于3月27日推翻了该初裁，要求继续进行该诉点的调查。ITC的观点是给予美钢证据开示机会，以期在证据开示过程中是否能够发现被告违法的证据，之后再由行政法官判定根据相关事实证据是否能够证明被告存在违法行为。

②在事实证据开示和证人宣誓作证阶段，力争明确和缩小开示的范围，减轻应诉企业风险和负担。

依据行政法官在3月15日58号令中所确定的虚假原产地诉点下的程序日程，本案原被告双方需要在2017年6月23日前完成事实证据开示（Fact Discovery），即在该时间节点前完成所有相关文件以及邮件开示（Documents and Email Discovery），并对双方指定证人完成宣誓作证程序（Deposition）。各应诉企业积极应对，从开示的时间范围、地域范围和所涉产品范围均成功主张进行严格限制和缩小。各应诉企业根据要求，在2017年6月前完成了海量数据的文件及邮件开示工作，并于6月在我国香港特区完成了证人宣誓作证程序。

对于虚假原产地诉点，美钢事实上尚未找到任何实质性的证据或者事实信息以证明各被告存在伪造原产地以规避双反税令的行为。因此，美钢采取的策略是通过各种手段让各被告宣誓作证的过程更加艰难。对我方证人询问了大量超出涉案范围之外的问题，以干扰证人作证；采取疲劳战术，比如对单个证人询问的时间从上午 9 点一直持续至晚上 7 点，以试图通过大量而紧凑的提问从证人身上获得对其有利信息；从第三方网站上下载公开文件，并就此进行提问，并要求我方证人就其中内容进行回答，旨在诱导我方证人陷入其诘问的陷阱。但是经过精心准备和系统的提前作证培训，各应诉公司的证人均顺利完成宣誓作证任务。

2017 年 6 月和 7 月，各应诉企业的联合律师团队对美钢及第三方的共 13 位证人也进行了取证工作。

由于证据开示文件数量巨大，各应诉企业准备的证人多达几十位，整个证据开示过程和证人宣誓过程中美钢一直处于一对多的情况，这一过程大大消耗了美钢及律师团队的人力、物力和财力，给美钢造成了巨大的压力。

③积极寻求专家证人的支持。

存在虚假标识行为（虚假原产地行为）、混淆以及因虚假标识行为给美钢带来的损害是违反美国相关法律的三个构成要件，为了驳斥对方的主张，各应诉企业联合聘请了钢铁采购专家就不存在混淆发表意见，以及经济学专家就美钢不存在任何损害发表意见，调取专家证人证言。同时，联合律师团队也调取了美钢方面海关专家和经济学损害专家的专家证人证言。

经过长达 4 个多月的事实证据开示和企业证人、专家作证等紧张的工作，中国 7 家应诉企业于 2017 年 7 月 18 日起陆续适时提交了申请速裁裁决以终结虚假原产地调查的动议。2017 年 10 月 2 日，行政法官发布第 103 号令《关于批准被告申请速裁认定无虚假原产地违法行为的初步裁决》，批准所有 7 家应诉中国被告申请速裁的动议，认定原告无法证明被告存在违反“337 条款”的虚假原产地行为，裁定终止虚假原产地诉点的调查，并搁置原计划的庭审。

经过极度消耗人力、物力、财力的证据战，美钢未再提出复审请求。2017 年 11 月 1 日，ITC 正式发布决定不再复审，我方成功打掉了美钢关于虚假原产地的诉点。

（3）反垄断诉点：避实击虚，猛打原告起诉资格问题。

在“337 条款”项下发动反垄断调查也是 ITC 过去 40 多年来的第一次。

在近几十年美国的反垄断执法实践中，反垄断调查权均归于1914年成立的FTC，其为执行多种反托拉斯和保护消费者法律的联邦准司法机构。ITC依据“337条款”进行反垄断调查的事情几十年都未曾发生。因此在程序上，美钢向ITC提起的“337调查”申请也触及了美国国内不同机构间的管辖权边界问题，在美钢提起申请后，ITC还曾向FTC去函商讨管辖权事宜，备受外界关注。

ITC依据“337”反垄断条款而发起的调查几乎找不到有效先例可循。就“反垄断诉点”而言，因证据开示的复杂性和敏感性，中方可选择的最有利且最有效的抗辩策略是，通过援引《美国联邦反垄断法》，力证美钢不具有提起“337”反垄断指控的资格，而避免去涉及指控中的事实问题。

2016年8月26日，中方提交了终止美钢反垄断诉点的动议。经过各应诉中国企业及中美代理律师的全力以赴，2016年11月14日本案法官签发了第38号令《关于批准被告终止反垄断诉点的动议初步裁决》，决定终止反垄断诉点。

随后，经原告申请，2016年12月19日，ITC发布了通知，决定复审本案法官初步终止反垄断调查的38号令，并于2017年4月20日在华盛顿举行了开庭审理及口头辩论。因为ITC并无终裁时限的特殊限制，ITC复审终裁迟迟不发布。在此后近一年的时间里，该诉点一直处于ITC复审的程序中。而且，每次美国贸易政策调整或委员的变动都会增加案件的不确定因素。

经过漫长的等待以及不间断的密切对话，北京时间2018年3月19日深夜，中国钢铁企业终于等到了反垄断胜诉的好消息。ITC决定终止原告美钢基于中国钢铁企业共谋固定价格、控制产量以及出口量违反《美国联邦反垄断法》而提起的“337调查”（“反垄断诉点”）。

至此，历经近2年的艰苦抗辩，本次调查最终以中国钢铁行业在三大诉点上的全面胜诉而告终。

（三）案件意义与启示

本案是美国首次对中国钢铁产业发起的“337调查”。其借助“337条款”发起的反垄断调查是美国近40年来的第一次。本案也是以美欧国家为代表的海外竞争对手对我国钢铁行业实施以整体打击为目标的贸易保护手段之一。

本案胜诉是中国钢铁行业团结一致、各被告积极应诉与律师团队全力以赴的结果。在中美贸易存在摩擦的情况下，其具有深刻的启示，对于我国企业应对层出不穷的国际贸易和知识产权纠纷也具有借鉴意义：

第一，本案反垄断诉点的胜诉有助于破除对方企图借力此案确立用反垄断手段打击中国产业的先例，对采用法律手段对抗美国贸易保护主义有积极的影响；本案虚假原产地诉点的胜诉有助于中国在钢铁产业相关政策的全球谈判；本案也是中国企业在美国“337调查”中首次获得商业秘密类案件的胜诉。

第二，本次胜诉展现了中国钢铁企业在面对“337调查”“商业秘密盗窃”、虚假原产地、操纵固定价格行为等不实指控之时没有被动放弃市场，而是积极应诉，树立了中国企业在美国市场乃至全球行业内的良好形象。美钢商业秘密诉点败诉之后，其总裁、首席执行官Mario Longhi宣布退休；美钢虚假原产地诉点败诉不到一个月，一直主导本次针对中国钢企法律战的美钢首席法务顾问、首席合规官、政府关系高级副总裁Suzanne Rich Folso黯然辞职承担责任。这生动说明了正义必胜，凸显了我方站稳立场、坚持应诉取得胜利的正面意义。

第三，以宝钢、河钢和马钢等应诉被告为代表的中国钢铁行业在全球化和走出去的过程中，善于学习规则、迅速适应规则，在被诉后直面挑战，在中美专业律师的帮助下充分做好抗辩工作，将全球化市场规则特别是法律规则运用自如。

第四，不同于其他案件中多以美国律师为主导，本案中中方律师团队发挥了更大的作用。在整个大的背景下，案件中的一些情况实际上已经超出了纯法律范畴，这时候中方律师可以凭借对国家和行业的熟悉程度，在应诉策略设计方面发挥更大的作用。

第三节　业务畅享

作一名知识产权律师，过程既有欢欣也有艰苦。作为一名知识产权律师，我们不仅需要实时更新法律知识，更要学习了解不同领域的技术发展和技术动态。例如，上海是科技创新、技术创新的先行地，金诚同达上海分所知识产权律师始终以“服务科技、促进创新”为理念，继续深耕知识产权领域，重点为通信、新能源、汽车、生物医药以及半导体芯片领域的客户提供知识产权法律服务。同时，团队也一直在加强不同法域法律知识的学习，提高自己的国际化法律服务能力，致力于为中国企业走出去提供专业知识产权服务，为中国企业的海外维权保驾护航。

第五章　国际保险业务

第一节　业务内容介绍

保险业务团队致力于在复杂多变的商业和监管环境中，为客户提供全面严谨并切实可行的解决方案，业务范围包括内外资保险公司并购重组、新设，保险机构日常合规及公司治理等方面。金诚同达保险业务团队不仅协助企业“走进来”，还常为中国出口企业“走出去”保驾护航。借助于娴熟的行业经验以及成熟的律师网络，团队能够在贸易摩擦中为客户提供强有力的法律支持。

在国际贸易领域，保险业务律师要熟悉中国出口企业出口贸易全部环节和各类贸易模式，能够快速识别各类交易模式下的风险，包括可通过保险转嫁与无法通过保险转嫁的风险。借助国际贸易业务和保险业务的双重优势，保险业务律师要能运用保险工具和保险网络帮助中国客户设计更适当和更具操作性的国际贸易交易架构，最大限度地为交易提供可替代的解决方案。

保险业务律师还要熟悉保险监管框架及法律法规，熟悉保险条款的运用，熟悉中国出口企业在国际贸易交易中面临的各类保险理赔，包括货物运输保险、出口信用保险，海外产品责任事故以及与国际贸易链条密切相关的其他保险的理赔。此外，保险业务律师还会涉及以下业务：与货物运输保险相关的海商海事法律事务、与出口信用险相关的海外应收账款催收法律事务、与海外产品责任险相关的欧美产品责任诉讼法律事务等。

第二节　案例分析

出口贸易企业成功依托出口信用保险获赔减少损失

（一）案情简介

东莞某进出口贸易公司（以下简称公司或者被保险人）是一家主要从事服装生产加工和进出口贸易的企业，存在实际对出口信用保险的需求，以便更好地保障包括出口贸易买方可能存在破产、特定情形无法履约等在内的信用风险问题。

2011 年 9 月，公司的工作人员与某保险公司广东分公司东莞办事处（以下简称保险公司）的工作人员就购买出口信用保险事宜进行接洽和前期商谈。前期的询价和承保方案的准备中均体现了公司拟购买的出口信用保险保障的出口贸易中的实际买方为 CWC M&L。2011 年 10 月 13 日，公司工作人员向保险公司工作人员以邮件方式发送了一份贸易买方清单，清单中显示贸易买方为 CWC Inc. 。2011 年 10 月 25 日，公司工作人员向保险公司工作人员发送一份更新的应收账款清单，清单中显示贸易的发票抬头方即付款方为 CWC M&L。保险公司并未对两份清单中买方名称不一致的问题与公司进行确认。

2012 年 5 月初，保险公司工作人员现场到公司的办公地点为公司电脑安装保险公司的相关软件、程序和系统，以便后续提供出口信用保障服务。保险公司工作人员现场带来的是公司发送的第一份清单（显示贸易买方为 CWC Inc. 而并非实际付款方 CWC M&L 的清单），并要求公司的工作人员在错误清单上填报申请的信用限额，据此生成的第一份“信用限额审批单”（生效日期 2012 年 5 月 5 日）显示的买方即为 CWC Inc. 。保险公司会根据该“信用限额审批单”出具相应的保险合同。

2012 年 5 月 25 日，公司与保险公司正式签订了第一份《短期出口信用保险综合保险单》（保险单号 SCH019 × × ×），保险期间为 2012 年 3 月 1 日 ~ 2013 年 2 月 28 日，每次到期自动续期 1 年，费率表中显示买方为 CWC M&L。根据保险单要求，被保险人即公司每月 15 日要向保险公司申报上个月的相关出口情况。公司工作人员表示，该申报通过保险公司下载的系统进行，系统中录入的买方只有 CWC Inc. 。2012 年 8 月，双方工作人员就关于修改保险单的事宜有过多次联络，邮件中谈论的贸易买方显示为 CWC Inc. 。

2013 年 3 月，保险公司向公司分别签发"信用限额审批单"以及"信用限额倒签通知单"，其中均显示贸易买方为 CWC Inc. 。2013 年 8 月 8 日，双方就《短期出口信用保险综合保险单》（保险单号 SCH019 × × ×）签订了一份续转批单，保险期间为 2013 年 5 月 1 日 ~2014 年 4 月 30 日，到期自动续期 1 年，被保险人从被保险人扩大到包括被保险人与其代理公司佳而利香港有限公司（Gary Hong Kong Limited）（以下简称佳而利）在内的主体，费率表中显示买方仍为 CWC M&L。根据续转批单要求，被保险人每月 25 日要向保险公司申报上个月的相关出口。与第一次投保时的情况相同，保险公司系统中录入的买方仍只有 CWC Inc. 。

综上，在保险公司方面，已经出现 2 个主体，即费率表中的 CWC M&L，以及保险公司系统上的 CWC Inc. 。

2014 年 4 月 11 日，CWC Inc. 和 CWC M&L 在美国向特拉华州法院申请破产。2014 年 4 月 18 日，被保险人及时向保险公司通报贸易买方有关破产事宜，保险公司于当日向被保险人签发信用限额撤销通知单。2014 年 8 月，被保险人向保险公司提出索赔申请，索赔金额为 1 854 820. 02 美元。2014 年 10 月，佳而利被特拉华州法院登记为 CWC M&L 的债权人。

2015 年 2 月 16 日，保险公司向被保险人发出案件联络函，其声称因为被保险人的债务人为 CWC M&L，但是被保险人购买的保险保障的贸易中的买方为 CWC Inc. ，据此拒绝向被保险人理赔。2015 年 5 月 14 日，保险公司向被保险人发出"案件联络函二"，基本基于与"案件联络函"同样的理由，拒绝向被保险人理赔。

保险公司在两封案件联络函中认为无法向被保险人定损核赔的原因如下：

（1）被保险人未能提供其代理公司佳而利与限额买方（CWC Inc.）订

立的销售合同或者明确载有限额买方抬头的订单文件。而佳而利开具发票的对象和提单收货人为 CWC M&L，并非限额买方 CWC Inc.；

（2）佳而利被美国法院登记为 CWC M&L 的破产债权人，而 CWC M&L 与 CWC Inc. 是彼此独立的实体。

基于保险公司发出的案件联络函，可以理解为，保险公司承担保险责任的前提条件之一是被保险人须与限额买方，即 CWC Inc. 而非 CWC M&L 之间存在真实、合法、有效且无争议的销售合同关系，在被保险人能够确立对限额买方的无争议的贸易应收账款（破产）债权之前，保险公司无法定损核赔。因此，本案中，公司实现成功理赔的关键即在于其是否能向保险公司证明被保险人与 CWC Inc. 之间存在真实、合法、有效且无争议的销售合同关系。

（二）应对策略

1. 定位争议焦点

出口信用保险是国际通行的贸易促进工具，主要承保出口商在经营出口业务过程中因进口商或开证行的商业风险或进口国的政治风险而遭遇的损失。其中，买方拖欠货款、拒收货物，以及买方破产是出口信用保险业务中常见的保障风险，并不时伴随出口商与进口商贸易合同项下的商务纠纷。出口商在进行跨国贸易时的交易对象进口商有可能是规模较大的集团公司，关联企业众多，且这些企业的名称往往较为相似。在集团中，这些公司往往内部分工明确，分别承担着不同的职能，例如，有的公司专门负责决策，有的公司专门负责下单，有的公司专门负责收发货，而有的公司只负责收付款等。出口商可能在磋商时并未完全区分贸易对象这些不同的关联企业，只以其中一个公司的名称作为贸易对象而向相关信用保险公司申请信用限额，但在签约时又使用其他关联公司的名称与保险公司签约、保障风险。一旦进口商发生拖欠、破产等风险需要进行保险索赔时，出口商可能会遭遇保险公司认为限额买方和签约买方并非同一个主体而拒绝理赔的情形。本案中的被保险人就遭遇了这样的问题。本案中，被保险人与 CWC 集团之间的贸易往来主要牵涉了 CWC Inc.，其角色是贸易的最终决定方、下单方，而涉案的另一家公司

CWC M&L 则是充当了付款方的角色。保险公司认定被保险人和限额买方CWC Inc. 之间的真实贸易关系有待核实，未接受被保险人的理赔请求。而从被保险人的角度而言，其认为与其做生意的即为 CWC 集团，CWC Inc. 与CWC M&L 就是“同一家”公司。被保险人始终按时向保险公司缴纳保费、提供贸易单证，为何在遭受损失的时候却收到拒赔的反馈意见？

金诚同达律师团队在接受公司委托后，全面而仔细地向公司了解案情。本案涉及的出口贸易年限时间较长，涉及的公司主体较多，投保文件、保险单证、贸易单证以及交易记录等比较杂乱而且繁多，在进行初步审阅材料时需要从浩如烟海的文件中检索出对本案有关的事实依据，同时需要针对保险公司的反馈意见，重新对相关文件、邮件往来、事实内容等进行收集和梳理。在整理了相关文件材料之后，金诚同达律师团队围绕着保险公司以主体（限额卖方并未经承保的买方）抗辩的策略作为核心，为公司制定应对策略。

主体抗辩是出口信用保险争议纠纷中经常出现的事由之一。这里的主体既包括被保险人即出口企业（被保险人或者卖方），又包括给予保险信用限额买方。在本案中，从卖方主体看，涉及卖方关联主体或存在出口代理都需要在保险合同中予以明确。如果保险合同中没有明确约定或覆盖卖方的上述关联企业，或者保险合同没有明确约定被保险人可以授权指定其关联公司作为实际卖方，就存在可能被拒赔的情况。另外，如果卖方通过代理出口（如本案之情形），应在保险单的特别条款中明确代理公司名称，同时也会要求提供出口代理协议及其他披露要求。如果卖方在投保出口信用保险时未能在合同中覆盖代理出口情形，在出现收款风险时也会在可能的拒赔之列。从限额买方的角度看，外贸单证上反映的实际交易主体与保险单中列明的限额买方不一致，承保范围内的限额买方与外贸单证上的实际交易主体之间是否存在授权或指定亦不明确，也是出口信用保险纠纷中常见的情形。本案即属于这种情况。在卖方与保险公司由此产生了出口信用保险理赔争议时，保险公司会要求只有被保险人提供其与限额客户之间佐证存在真实且直接债权关系（外贸订单的付款义务）的确认文件后，才能进行后续的理赔。

2. 核心抗辩策略

出口信用保险合同保障的是真实发生的外贸订单交易，这是保险合同成立以及保险赔付的重要前提条件。如前文反复说明的，证明公司与限额买方CWC Inc. 之间存在真实、合法、有效且无争议的买卖合同关系，是本案关键的突破口。而要想实现这个证明目的，不能适用传统的以法律支撑事实的证明方式，而是要以事实来证明合法性的存在。为达到以上证明目的，金诚同达律师团队的抗辩策略主要涵盖以下三个核心观点。

（1）被保险人与CWC Inc. 之间贸易关系的真实性。

第一，被保险人向保险公司曾经提交过的订单显示，下单方为“CWC Inc. or one of its direct or indirect subsidiaries”，而且订单明确规定以电子方式传送（给被保险人或者其代理公司）即视为签字。据此可以认定，CWC Inc. 或者其任何一家子公司都有可能是订单的一方。

第二，根据被保险人（或者被保险人的代理公司）与CWC集团从开始合作到破产期间的贸易沿革，可以认定在被保险人与CWC集团之间的贸易往来中，CWC Inc. 才是贸易的最终决定方、下单方，是订单项下的贸易主体。证明材料如下：

① 2006年，CWC Inc. 与被保险人的代理人之一代理公司××制衣厂有限公司（以下简称代理公司）开始贸易往来，由CWC Inc. 直接下订单给代理公司；由代理公司（代表被保险人）开具发票给CWC Inc.，发票显示生产商名称为被保险人。

② 2009年6月，CWC Inc. 为了报关简便，对内部的文件格式进行了统一，做出决定并以CWC Inc. 的名义向内部发出通知邮件，决定采用新的发票样式，将发票的付款人改成了CWC M&L；同时采用新的订单，在更新后的订单中，订单方的表述方式变成了“CWC Inc. or one of its direct or indirect subsidiaries”并将订单编号进行了更新。随后，CWC HK将上述变动的信息通知被保险人。

③ 2009年7月，被保险人向CWC Inc. 就新的发票使用的具体问题，以及上述变动之后，买家的相关信息问题进行了确认。根据CWC Inc. 工作人员的解释，虽然发票中的收件人发生了变化，但是对被保险人来说，买家依然是CWC Inc.，且买家编号也没有任何变化。也即，对被保险人来说，发票样式或者批单样式的改变，并未给被保险人带来任何实质的变化。

④ 2009 年 7 月，被保险人向 CWC Inc. 的工作人员确认 CWC M&L 与 CWC Inc. 之间的关系。CWC Inc. 确认，CWC M&L 是 CWC Inc. 的子公司并被认定为是 CWC Inc. 的一部分，并同时确认“CWC”的名字同时代表 CWC Inc. 和其子公司。

⑤ 2011 年 9 月，CWC Inc. 向被保险人发邮件介绍 C，并在邮件中说明 C 将负责 CWC 集团的采购和物流，并担任 CWC Inc. 采购方面的高级副总裁，同时会到访被保险人。

⑥ 2011 年 11 月 ~ 12 月，CWC Inc. 的副总裁 K 发邮件给代理公司，因为成本控制的问题，希望将贸易对方由代理公司换为佳而利。为了能够完成此次转化，K 要求佳而利完成一个供应商信息表格，该表格中显示表格的所有权人为 CWC Inc. 。

⑦ 2012 年 5 月，CWC Inc. 邮件联系佳而利，通知佳而利作为 CWC Inc. 的贸易合作伙伴，邀请佳而利参与 CWC Inc. 参加的一个美国政府组织的对反恐怖主义的安全审查项目。其中明确提到，佳而利是“a facility or trading partner of CWC Inc. ”。

⑧ 2013 年 12 月，CWC Inc. 提出使用一个 Free Boarder Initiatives 系统，通过该系统，全球各地的供应商可以直接下载对货物的相关要求等，也可以通过该系统上传发货单等货运资料。CWC Inc. 发邮件协调要求供应商使用该系统并提供该系统的用户名和密码给被保险人。

⑨ 2014 年 4 月 24 日，C 作为 CWC Inc. 负责采购的高级副总裁向所有的供应商（包括被保险人）发函感谢各供应商对 CWC 的支持。在此函件中，函件的抬头使用的是“CWC”。

因此，基于上述文件和事实，尽管在被保险人与 CWC 集团贸易的整个过程中，订单的具体描述语言以及发票的付款方有所变化，但是在整个贸易过程中，包括被保险人在保险公司购买的信用保险保障期间，CWC Inc. 一直在 CWC 集团与被保险人的贸易中起着决策和管理的作用，CWC Inc. 是贸易关系的真正决定人和要约方。因此，CWC Inc. 不仅始终与被保险人之间存在真实、合法、有效且无争议的销售合同关系，而且 CWC Inc. 作为贸易对方，应当对被保险人负有付款义务。

（2）CWC Inc. 与 CWC M&L 对被保险人的连带付款义务。

在贸易过程中，被保险人按照 CWC Inc. 统一制作的发票样式和指示而将发票开具给 CWC M&L，在这种情况下，CWC M&L 实际是一种事实上的代表，代理 CWC Inc. 向被保险人付款的行为。但是 CWC M&L 代 CWC Inc. 履行付款义务的行为并不能豁免 CWC Inc. 自身的付款责任，被保险人既可以向 CWC M&L 主张付款，也可以向 CWC Inc. 主张付款。在这种情况下，CWC Inc. 和 CWC M&L 承担的是连带付款责任。

另外，前述这种贸易流程和付款安排在国际货物贸易买卖中是非常普遍和通行的做法，即由集团总公司统一计划并安排下订单，对全球生产和物流进行管控，而由集团下的子公司具体从事付款或者收货的行为。在这种情况下，子公司虽然具体从事付款行为，但是贸易卖方仍然与总公司存在货物买卖合同关系，贸易卖方对总公司以及相关子公司均可以依照订单和例行的付款行为主张债权。这种做法与被保险人与 CWC Inc. 的贸易安排一样。被保险人既可以向 CWC Inc. 主张付款，也可以向 CWC M&L 主张付款。CWC Inc. 和 CWC M&L 均向被保险人承担付款责任。

（3）美国法院的破产债权登记并不影响本案件的理赔。

首先，按照保险合同以及保险公司的解释，保险公司承担保险责任的前提条件是被保险人与限额买方（CWC Inc.）之间存在真实、合法、有效且无争议的销售合同关系，被保险人享有对限额买方的无争议的贸易应收账款债权。基于上述分析，被保险人认为其与限额买方（CWC Inc.）之间存在真实、合法、有效且无争议的销售合同关系，享有对限额买方的无争议的贸易应收账款债权。

其次，基于美国法律项下的规定，无论佳而利应当是被登记为 CWC M&L 的破产债权人还是 CWC Inc. 的破产债权人，均不影响被保险人根据中国法律规定、按照其与保险公司之间的保险合同进行相应的理赔。被保险人只需要在购买保险单和续转批单以及申请限额时根据“被保险人须知”的要求确认谁是付款义务方并为其成功申请限额，而没有义务需要事先了解美国法律并根据美国法律的要求将可能在将来被认定为破产债权人的一方作为限额买方。这种要求显然不合常理，同时，对于被保险人这种注册于中国的生产企业也难以实现。

此外，被保险人在最开始被保险公司要求在美国进行破产债权登记的时候，已经根据保险公司提供的格式合同签订了《授权委托协议》，将破产债权登记的相关事项全权委托给保险公司。保险公司应当自行完成相关登记事项，选择合适的债务人进行登记。被保险人仅承担辅助和协助的义务。而且，保险公司的美国律师并没有尝试登记 CWC Inc. 。如果保险公司的美国律师将佳而利与 CWC 集团所有相关交易历史沿革和相关邮件往来等证明文件递交给美国法院，存在被登记为 CWC Inc. 债权人的可能。尽管如此，美国法律项下也不可能只存在仅根据发票认定债权人这一种方式。

3. 争议焦点的破解

"一套人马，两块牌子"不应影响真实的贸易关系

CWC Inc. 与 CWC M&L 之间的关系如何定义，直接影响对 CWC Inc. 与被保险人之间是否存在真实贸易关系的证实，也是被保险人对保险公司进行有力抗辩的主要突破口之一。被保险人的理赔案发生在 2015 年；2014 年，一家贸易公司也因为类似原因而产生过出口信用保险的纠纷。在中信保上诉江门市千洋贸易有限公司的出口信用保险合同纠纷一案［（2014）江中法民二终字第 173 号］中，中信保主张因为开发票方和收款方并非被保险人而拒绝向被保险人付款，尽管被保险人提供证据证明开发票方与自己属于"一套人马，两块牌子"的关联公司情形。最后，二审法院没有支持中信保的观点，在判决中阐述，"本院认为，涉案形式发票、商业发票的抬头以及相关的运输单证的托运人虽均显示为新鸿宇公司（关联公司），且千洋公司提供的收款指示函的收款账户亦为新鸿宇公司所有，但新鸿宇公司与宇翔公司（被保险人）的股东组成完全一致，且宇翔公司出具证明两公司实际为同一公司，新鸿宇公司的公司名称为宇翔公司的英文名称……应认定新鸿宇公司系由宇翔公司直接拥有和控制的境外关联公司，故宇翔公司以新鸿宇公司的名义开具的相关贸易发票、办理托运手续以及使用其银行账户收款，所产生的权利义务均应由其依法承担……"最后，二审法院维持一审法院的判决，责令作为保险公司的中信保赔偿被上诉人所主张的全部货款。

上一部分抗辩策略所罗列的事实已足以证明 CWC Inc. 与 CWC M&L 之

间的关系就和上文案例中的宇翔公司与新鸿宇公司之间的关系类似。结合被保险人和CWC集团的历史合作记录以及交易模式，不难发现CWC Inc. 其实是CWC整个集团在全球贸易的最终决策方和统筹方。之所以2009年安排由CWC M&L代为履行支付行为，仅是为了使集团内部工作协调和报关简便。同时，CWC M&L成立时间在后，和CWC Inc. 的注册地址完全相同，并为CWC Inc. 100%持股的子公司，没有自己独立的办公室和资产，也没有自己独立的人员，每次都是CWC Inc. 的工作人员与佳而利沟通联络。CWC Inc. 与CWC M&L是典型的法人人格混同。因此，CWC M&L对外以自己的名义收取货物、安排付款的行为应当理解为是CWC Inc. 的意思表示，应当由CWC Inc. 承担相应的权利义务。综上，可以说明CWC Inc. 与CWC M&L也是属于“一套人马，两块牌子”的情形，限额买方CWC Inc. 与被保险人之间的贸易关系真实存在且有效。

在法人人格混同纠纷案件中，债权人往往难以获取关联公司存在人格混同的关键证据。因此，在司法实务中，只要债权人提出初步证据，能够证明关联公司存在人格混同的较大可能性，使法官产生合理怀疑的，证明不存在人格混同的举证责任就转移至关联公司一方了。若关联公司不能举证证明不存在人格混同，就要承担举证不能的不利后果。例如最高人民法院（2015）民二终字第85号判决书明确，“……在审理法人人格否认案件时，考虑到债权人处于信息劣势而举证困难等因素，人民法院通常会根据上述规定合理分配举证责任，在债权人用以证明股东滥用公司法人独立地位和股东有限责任的证据令人产生合理怀疑的情形下，将没有滥用的举证责任分配给被诉股东。但上述举证责任调整的前提，应是作为原告方的债权人已举出盖然性的证据证明股东存在滥用公司法人独立地位和股东有限责任的行为以及由此产生了损害的结果，而不是当然的举证责任倒置”。本案中，被保险人通过对大量事实的罗列，已经充分证明CWC Inc. 与CWC M&L之间属于公司人格混同，因而被保险人与CWC Inc. 和CWC M&L之间的权利义务关系不应当割裂看待。

4. 保险公司的软肋：审查义务与解释说明义务的缺位

参考某保险公司官网披露的关于短期出口信用保险业务流程，完整的业务流程大致包括以下几个环节。(1) 企业投保：企业与保险公司营业机构或工作人员联系，确定承保方案，办理投保手续；(2) 签订保单：保险公司与被保险人签署出口信用保险合同；(3) 申请/批复信用限额：被保险人就拟进行交易的境外买方主体向保险公司申请信用限额，保险公司根据被保险人申请进行批复；(4) 出运申报：被保险人告知保险公司其已与境外买方进行交易，并进行出运申报；(5) 缴纳保费：被保险人向保险公司缴纳保费；(6) 可能损失通知：在境外买方发生承保风险时，被保险人按照保险合同约定向被保险人报告可能损失；(7) 索赔：被保险人向保险公司提交索赔申请及相关文件；(8) 定损核赔：保险公司审核被保险人提交的索赔申请及相关文件后，根据不同情况出具理赔意见（主要包括定损核赔、暂不定损核赔意见及理赔不成立三类）；(9) 理赔/追偿：核定企业损失后，保险公司在规定时间内向企业支付赔款。由此可见，出口信用保险涉及环节众多，保险公司在承保出口信用保险时，由于涉及的文件数量庞大以及实际贸易情况较为复杂，往往只做形式审查，而不就实际的贸易流程、贸易对手与投保人进行详细的沟通确认。

保险公司对出口商申报的出口进行形式方面的审查，意味着需要出口商提供足以影响保险公司作出是否同意承保决定的全部实质性重要事实，保证申报的出口具有真实的贸易关系，属于保险合同的承保范围。本案中，2011年10月25日，被保险人工作人员向保险公司工作人员发送了一份更新的应收账款清单，清单中显示贸易的发票抬头方即付款方为CWC M&L，保险公司的工作人员却忽略了该份更新清单，以被保险人更新前清单中所载的CWC Inc.作为贸易买方。除此之外，还有以下事实佐证保险公司只做了形式审查，未注意到承保的重要因素之一——限额买方，发生了变更：

(1) 2011年10月~2012年5月25日，保险公司发来的承保方案均显示买方为CWC M&L；

(2) 2011年11月4日，公司发出确认后的最终买方清单，显示买方为CWC M&L，保险公司表示已收悉；

(3) 2012年5月25日签署的保险合同中，特殊费率处显示买方为CWC M&L；

（4）2013 年 7 月 8 日，保险公司发来的续转批单的承保方案显示买方为 CWC M&L；

（5）2013 年 8 月 8 日签署的续转批单，特殊费率显示买方为 CWC M&L。

对于专门从事出口信用保险业务的保险公司来说，其应当对出口贸易流程中可能涉及的保险方面的常见问题等的认知相对于被保险人处于绝对优势的地位。在这种前提下，保险公司应当知悉可能会出现最终出现破产债权登记认定结果与“限额买方”不一致的情况，提示被保险人注意为适格的“限额买方”投保；并在收到被保险人有关投保申请文件时，特别关注限额买方的问题，在出现限额买方在不同文件中存在不一致情况时特别提示、询问被保险人。据此，保险公司应当在被保险人最开始进行投保的时候履行解释说明义务。但保险公司无论是在被保险人当初购买保险之时还是在后续申请理赔之时，都没有作出有利于被保险人和受益人的解释，未能体现一个从事出口信用保险业务的保险公司应当具备的专业态度，这些缺失专业性的行为，打击了出口企业选择中国保险公司投保出口信用保险的信心。

（三）案件意义与启示

出口信用保险合同是保险合同的一种，而保险合同作为射幸合同，在投保之前应当向投保人履行充分的解释说明义务，尽职尽责完成核保工作；在保险期间内发生保险事故后，按照约定对被保险人的损失向被保险人或受益人承担赔偿责任。

本案所涉保险品种为短期出口信用保险。出口信用保险为国家支持出口的政策性出口信用保险业务，保险公司仅对因买家信用导致的损失承担保险赔偿责任。被保险人与 CWC Inc. 进行出口贸易，相关索赔的出口贸易真实存在，CWC Inc. 的破产造成被保险人损失，被保险人根据保险合同的约定向保险公司申请索赔合法有据，保险公司应承担相应的保险责任。

金诚同达律师团队在对本案核心事实梳理总结、检索类似案件，以及对保险公司核保过程的责任进行确认后，准确抓住了本案的突破口，在协助被保险人与保险公司进行多次沟通之后，保险公司最终同意支付被保险人 105 万美元作为保险赔款，用以弥补被保险人在出口贸易中所遭受的 150 余万美元的损失。被保险人的理赔成功是公司自身积极配合处理以及律师团队全力以赴的结果，体现了国家为鼓励出口而出资开办出口信用保险公司的宗旨，同时也对出口企业和保险公司如何用足用好出口信用保险具有启发意义。

对于出口企业来说，建立以及维护真实的贸易关系是重中之重，也是保险公司赔付的基本前提。被保险人之所以最终获得了保险公司的赔付，关键就在于被保险人充分证明了其与限额买方 CWC Inc. 之间贸易关系的真实性，以及被保险人曾将显示 CWC M&L 的贸易单证提供给保险公司。通过被保险人和律师团队的共同努力，才能在纷繁复杂的历史贸易记录中抽丝剥茧，条分缕析，最后层层深入，直击问题焦点。通过对本案贸易文件和流程的梳理，也充分提示了出口企业与境外买方开展贸易的过程中，应当注意规范贸易流程，保留贸易单证和买卖双方往来函件，区分同一集团下的不同主体。同时，出口企业应当及时关注买方所在国别、行业及买方的经营情况变化等，遇到相关问题及时在政策保单规定时限内通知保险公司工作人员，以便在出现收款问题之后能有效主张对买方的债权，切实保护好自身权益。

对于保险公司来说，被保险人与保险公司的纠纷案也提醒了保险公司在开展业务时应谨慎应对，不能因为贸易单证繁多就怠于履行审查责任，或者因考虑投保人熟悉出口贸易流程，不对可能的风险点充分解释说明。相较于普通的保险业务，出口信用保险操作环节有其特殊性。保险公司作为整体业务流程的保险保障者，应通过系统培训，使出口企业对每一笔交易都按照操作流程申报，及时审批买方的信用额度。此外，保险公司还应完善相关操作系统，对重要的流程及保险条款中特别约定的内容，比如投保人申请信用限额及保险公司予以批复的内容，及时取得被保险人的确认并以书面或其他形式固定相关证据；保险公司在发现任何环节出现问题时，应当及时与出口企业沟通，配合出口企业妥善解决问题。本案中的保险公司作为国家对外贸易政策的国家政策性保险公司，每年承保的短期出口贸易金额达数千亿美元，更应当发挥好自己在行业中的带头领军作用，为出口企业在“走出去”的过程中保驾护航。

据商务部研究院调查，中国出口企业的坏账率约为5%，损失率是发达国家平均水平的10~20倍。有效控制收汇安全成为亟待解决的问题。保险公司应充分发挥自身优势，帮助中国出口企业规避对外贸易中面临的风险，并通过出口信用保险产品与服务为广大企业提供切实的保障与支持。本案中，被保险人与保险公司之间经过了多轮协商均以失败告终，但通过被保险人与金诚同达团队的共同努力，最终双方以和解收场，这也为被保险人挽回了一大笔损失。在出口贸易领域还有很多粗犷式发展的问题，风险暗流涌动。出口企业对相关贸易规则的认识还相对有限，实践操作中也存在诸多不规范的情形。对此，承保出口信用保险的保险公司应充当起出口贸易中的信息平台和风险汇总平台，责无旁贷地为出口企业在进行国际贸易的过程中提供行业风险预警、规范运营管理等支持，以真正实现出口信用“保险”的作用。此外，这样做在帮助出口企业提升自身贸易风控意识和管理能力的同时，也有助于保险公司反哺自身的风险管控，减少对偿付能力的影响，促进自身的良性发展。

第三节　业务畅享

律师的专业，很大程度上体现为一种综合服务的能力。作为保险领域的律师，首先要熟悉中国保险业的监管框架及法律法规；其次应该具有承办各种类型案件的实战经验；最后还要了解市场，能把握客户的真实需求。保险业务领域虽“细”，但要提供高质量的法律服务，律师的“肚量”必须得“大”。唯有既懂法，又懂行，还懂客户，才能在合法合规的前提下，为客户提供切实可行的综合解决方案，最终帮助其实现商业目标。

中国的国际贸易、国际投资在过去几十年获得了快速增长，也为我们中国律师的跨境业务提供了很多机会，我们随着客户业务拓展的足迹，不断地积累提升自身的跨境法律服务能力。目前，数十年的全球化浪潮正遭遇困难，形势日益复杂，国际经贸活动事实上正面临很多新的局面和新的问题，客户面临的问题更加错综复杂，而这对律师也提出了更高的要求，需要更多具有国际视野和国际经验的律师提供全方位的法律保障和法律服务。我们希望凭借自身长期积累的经验和优势，继续陪伴我们的客户，在国际经贸舞台上克难前行，不断超越。

第六章　国际贸易合规及争端解决

第一节　业务内容介绍

在国际贸易各个环节，难免出现争议。在争议解决过程中，国际贸易合规及争议解决的法律服务团队不仅需要熟悉各种商业纠纷所牵涉的涉外诉讼、仲裁，还需要有能力协助解决国外政府对中国出口企业的贸易救济调查和WTO争端解决等问题。

国际贸易合规及争议解决团队只有凭借卓越的法律技术专长和对客户以及全球市场的深刻理解，才能够为国际及国内的客户在争议解决领域提供最有力的支持，就上述领域内的问题为客户提供全方位的法律咨询和服务：从深度参与国际纠纷的谈判和调解，协助客户将纠纷解决在商业合作阶段，到代理客户参与诉前调查、申请证据/财产保全措施/禁制令、提起诉讼/仲裁程序、申请强制执行等在内的诉讼/仲裁程序和WTO项下贸易争端全过程。

优秀的团队通常具备在亚太、欧美、拉美、中东非等各地法院、仲裁机构和调查机关协助中国客户应对仲裁、诉讼和贸易救济调查的丰富经验，在各地有丰富的本地律师资源，并且能够为国际及国内的客户在诉讼、仲裁和WTO项下贸易争端等争议解决领域提供最有力的支持。

第二节　案例分析

一、WTO项下国际贸易争端解决

（一）本钢集团在马来西亚热镀锌反倾销调查终裁司法审查中获得完胜

1. 案情简介

2018年7月立案的马来西亚对华热镀锌钢板反倾销调查中，本钢集团历经原始调查和司法审查阶段，通过逾2年的艰苦努力，最终取得了撤销税令、免于征收反倾销税的良好结果。本案是中国企业在应诉马来西亚反倾销调查历史上首起历经完整司法审查程序，通过胜诉判决纠正调查机关错误，从而实现撤销税令的案件。

（1）反倾销原始调查阶段。

2018年7月25日，马来西亚国际贸易与工业部（以下简称调查机关）发布公告，应其国内生产商 FIW Steel SdnBhd 于2018年6月26日提交的申请，对原产于或进口自中国和越南的热镀锌钢板启动反倾销调查。

作为一种广泛应用于汽车、建筑、家电、化工、机械等领域的产品，热镀锌钢板产品是辽宁省著名钢企本钢集团在马来西亚市场的拳头产品之一，客户群体不乏一些家电业巨头。因此，本钢集团经研究决定应诉本次调查，并聘请了北京金诚同达律师事务所（以下简称中方律师）以及马来西亚 Jason Teoh & Partners 律师事务所（以下简称马来西亚律师）为代理律师。

本钢集团于2018年8月7日召开应诉工作启动会，以中方律师为牵头律所辅导启动工作。经律师团队评估，本钢集团旗下的两家生产商本钢板材股份有限公司（以下简称本钢板材）和本钢浦项冷轧薄板有限责任公司（以下简称本钢浦项）被确定为本案应诉主体。两家企业的调查问卷答卷于8月30日向调查机关提交。

2018年11月8日，调查机关发布初步裁决，初步认定本钢板材、本钢浦项倾销幅度分别为10.69%和6.25%，并按照该倾销幅度征收临时反倾销税。经审阅初裁裁决和倾销幅度计算过程，中方律师发现初裁中存在多项错误做法，导致本钢板材、本钢浦项的倾销幅度被不当地提高。

倾销幅度计算的原则可概括为“（正常价值－出口价格）/出口价格”，调查机关的错误不仅出现在“出口价格”部分，还出现在“正常价值”部分。具体包括如下问题：

①不当地扣减海运费金额。

倾销幅度计算的其中一项内容是将被调查产品的出口价格经过扣减各类费用，还原到出厂价（ex－factory）水平。但初裁中，调查机关在计算出厂价水平的出口价格时，对 FOB 交易条件的销售金额错误地作出扣减海运费的调整。调查机关的这一调整相当于对本身不含海运费金额的价格反而倒扣了海运费金额，错误地扭曲了本钢板材和本钢浦项的出口价格，导致两家公司的出口价格被不合理地降低，拉高了倾销幅度。

②错误地拒绝适用首次非关联转售价格作为出口价格起点。

调查期内，本钢集团的出口安排是两家生产商将产品通过代理商本钢集团国际经济贸易有限公司（以下简称本钢国贸）先销售给关联贸易商本钢集团（香港）有限公司（以下简称本钢香港），后者再以一定的加价将货物转售给马来西亚非关联客户。根据 WTO《反倾销协定》第 2.3 条的规定，对于存在此类关联公司转售的情况的，调查机关在计算出口价格时，应当基于公司首次转售给非关联客户的价格作为起点。而调查机关在计算出口价格时，在毫无正当理由的情况下，拒绝采纳将本钢集团填报的本钢香港转售给马来西亚非关联客户的价格作为起点，转而使用本钢国贸转售给本钢香港的较低价格，导致本钢板材和浦项的出口价格水平被不合理地降低，进一步拉高了倾销幅度。

③错误地使用 FOB 或 CFR 价格作为计算的分母。

调查机关在计算税率时，使用的计算分母不正确。正确的做法应当是使用 CIF 交易条件中的出口销售金额作为分母，从而计算出对 CIF 出口价格适用的征税税率。在本案中，由于本钢集团采用的出口条款均为 FOB 或 CFR 条款，本钢集团填报了通过票面金额加合理运费及保险费构造的 CIF 销售金额。然而，调查机关在计算税率时又毫无理由地无视了该金额，转而直接使用了较低的 FOB 或 CFR 条款的票面销售金额作为分母，从而导致幅度计算结果偏高。

④未采用统一合理方式进行“低于成本测试”和计算倾销幅度。

“低于成本测试”是倾销幅度计算的一个必经步骤。本案中，本钢集团主张按照产品控制编码（PCN）对产品进行归类和区分。调查机关在进行“低于成本测试”时接受了产品控制编码的主张，分 PCN 进行了测试。然而，在后续步骤中，调查机关在进行出口价格和正常价值比较时，又拒绝使用以 PCN 为基础的价格进行比较。也就是说，调查机关在不同步骤中，有选择性地采取对计算更高税率“有利”但不统一的计算方式，导致计算结果偏高。

除此之外，由于本案调查期内热镀锌钢板产品的原材料成本波动较大，本钢集团主张应当按照月度进行“低于成本测试”，即当月销售价格应仅与当月成本进行比较。但调查机关对此主张不予理会，从而导致得出的正常价值偏高，也相应地提高了倾销幅度。

上述错误如果能得到纠正，两家应诉主体的倾销幅度都可降至0以下。为此，中方律师与马来西亚律师讨论后立即决定准备初裁评论意见，指出上述错误，要求调查机关进行修正，并于11月23日提交了初裁评论意见。在初裁评论意见提交后不久开展的实地核查中，中方律师团队也借机同到访本钢现场的调查官团队交流了上述问题。然而，在2019年1月24日调查机关发布的终裁关键事实披露中，尽管调查机关将本钢板材和本钢浦项的倾销幅度小幅下调至10.62%和5.47%，但上述错误仍然没有解决。为此，律师团队先是在6天后立即提交了评论意见，指出问题的严重性，要求更正；随后又于2019年2月4日申请召开了听证会，在调查机关现场介绍了存在的错误、主张进行更正并说明其法律依据。

无奈的是，在2019年3月7日发布的最终裁决中，调查机关仍然无视律师团队代表本钢集团提出的各正当主张，仅以“调查机关的做法符合WTO《反倾销协定》第2条”作为回应，顽固地维持了一系列错误做法。根据调查机关的裁决建议，马来西亚财政部决定对本钢板材、本钢浦项分别征收10.62%和5.47%的反倾销税。横向对比其他竞争对手的应诉结果，本钢集团在马来西亚热镀锌钢市场将面临极其不利的局面。

鉴于本案错误做法之明显，影响之严重，在听取律师团队的建议后，本钢集团决定尝试司法审查程序，将终裁结果向马来西亚法院提起上诉。

（2）司法审查阶段。

虽然设立为迅速、独立审查反倾销调查裁定的司法审查机制是WTO《反倾销协定》第13条和马来西亚《1993年反倾销和反补贴税法案》第34A条的要求，但是本钢集团在马来西亚寻求司法审查救济之路仍然一波三折。首先遭遇的便是对起诉书进行领事认证的无端受阻。

根据马来西亚法律的规定，外国法人在马来西亚提起诉讼，需首先到马来西亚使领馆对由公司代表签署的起诉书和证据资料进行认证。只有加盖了领事认证章的文件才能作为适格的诉讼文件提交法院。

2019 年 3 月 26 日，中方律师与本钢集团指派的公司代表如约到马来西亚驻华大使馆办理领事官员认证。领事官员认证本身仅是一项形式安排，领事官员无权进行实质审查。但负责办理认证的官员得知来意后直接以此事“涉及政府利益”为由表示不予办理认证，经过历时 1 天的现场沟通，该官员仍表示其不会进行认证。

由于缺少领事认证，诉讼请求将可能在初期即被法院驳回，加之提请司法审查的期限即将截止，律师团队紧急采取替代方案，在固定相关书面证据的前提下，通过第三方律师在起诉书文件上签章盖章见证的方式，首先确保起诉文件得以按时提交。随后律师团队立即向法庭提交审前异议动议，要求法庭准许本钢集团使用带有“瑕疵”的起诉状。经法庭审查和听证，动议于 2019 年 5 月得到准许，本钢板材、本钢浦项为原告，将马来西亚政府列为被告提告的司法审查正式进入实体审理。

2019 年 7 月 11 日，律师团队代表本钢板材、本钢浦项分别向法庭提出了补充诉讼请求，指出本案裁决存在预先裁决、程序违法之嫌。该补充请求刺激了本案被告马来西亚政府，被告代理律师在 20 天后向本钢集团马来西亚律师致函提出和解请求，以将本钢板材、本钢浦项税率分别下调至 8. 16% 和 3. 12% 为条件要求撤回司法审查申请。经过权衡利弊，本钢集团最终决定拒绝接受和解，坚决推进本案实体审理。

本钢集团的律师团队针对各个诉点准备了扎实的事实和法律主张。历经多轮书状提交和口头听证，2020 年 1 月 8 日，马来西亚吉隆坡高等法院首先作出了本钢浦项为原告的案件一审判决，判决支持本钢浦项的全部实体诉讼请求，自始撤销对本钢浦项的反倾销税令，即原先已征收的反倾销税也应当退还。1 月 21 日，法院随后作出本钢板材为原告的案件的一审判决，支持本钢板材除诉讼费用分摊外的全部主张，同样自始撤销对本钢板材的反倾销税令。本钢集团的司法审查之路初战告捷。

2020 年 2 月 7 日，马来西亚政府就本钢浦项案一审判决向马来西亚上诉法院提起上诉，未就本钢板材案提出上诉。2020 年 6 月 28 日，马来西亚政府律师致电本钢集团马来西亚律师，若本钢集团接受撤回诉讼费用分摊主张，则马来西亚政府将撤回上诉申请。经权衡，本钢集团接受该提议，上诉审以马来西亚政府撤诉告终。据此，随着马来西亚财政部部长于2020年9月24日签发修正反倾销税令，将本钢板材、本钢浦项适用的反倾销税率修正为零（“Nil”），以及马来西亚政府在2020年9月29日于马来西亚《联邦政府公报》中刊发了修正税令，本钢集团在本案中的全部努力以完全胜诉而告终。本钢品牌的热浸镀锌钢产品得以以无反倾销税负担的条件进入马来西亚市场，马来西亚市场失而复得，并迎来广阔的发展前景。

2. 应诉策略与经验总结

虽然对反倾销调查和措施设立司法审查机制是WTO《反倾销协定》对各个成员方的要求，但是在实践中，受当地法治程度、对外企态度、法官队伍的素质及价值取向等多重因素的影响，各成员方司法审查机制的完善程度、监督力度参差不齐。如一些WTO成员的法院系统能很好地对调查机关的做法进行制约，一些WTO成员则只在法条中设立司法审查制度而从未付诸实践。

此外，在本案前，中国企业对马来西亚生效反倾销措施提起司法审查请求的案例屈指可数，且没有中国企业取得胜诉判决的先例。仅在2014年预应力混凝土绞线反倾销案中，调查机关在一中国企业提请司法审查后、判决作出前主动撤销了针对该企业的税令。由于缺少有代表性的胜诉先例，判决结果存在很大的不确定性，本钢集团决定寻求司法审查救济，是一项极具勇气的决定。

对此，中马律师团队对本案案情进行了细致梳理，汇总整理了事实证据，并同时进行了WTO和马来西亚法规、案例的调研，扎实组织了各争议焦点的诉讼主张和证据，尽最大努力说服法官支持诉讼请求。具体而言，本钢集团和律师团队在本案中先后采取了以下应对方案。

（1）起诉文件认证问题：诉权至上，克服阻碍。

本案的一个重要障碍是马来西亚官员在起诉书认证环节人为地施加障碍，阻挠我方提交起诉文件。2019年3月26日，中方律师被马来西亚大使馆领事负责处理认证的官员以待认证事项“涉及马来西亚政府”利益为由拒绝办理。

律师团队经分析认为，此举完全是该领事官员出于避免因对行政诉讼予以便利给自己带来麻烦而滥用职权的行为，毫无法律依据。但由于缺少领事认证，诉讼请求将可能在初期即被法院驳回。律师团队决定在继续催促和等待马来西亚大使馆同意办理认证的同时做多手准备：第一，通过电子邮件方式联系该领事官员及相关上级负责官员说明理由并正式提出投诉，要求其尽快同意办理；第二，寻求在其他英联邦国家使领馆办理领事认证；第三，试图在中国国内通过公证处办理公证文件；第四，若上述方式均不能奏效，寻求通过第三方律师对起诉文件进行见证的方式，首先确保起诉文件在形式上满足提交要求，后续再请求法院予以豁免。

经后续反复电话、邮件催促，2019 年 4 月 2 日，前述官员通过邮件回复称，根据其一贯实践，不得对影响政府利益事项的文件进行认证。同时，中方律师联系的各英联邦国家驻华使领馆均表示，仅办理涉本国诉讼的认证事项，拒绝受理本钢集团关于马来西亚诉讼的认证申请。经询问中国公证员，中方律师亦被告知中国公证员无权对涉外诉讼起诉文件进行公证。至此，四个方案中的前三项已宣告失效。此时，距提出司法审查申请的截止日期仅剩 4 天。

在此情况下，律师团队立即决定通过第三方律师在起诉书文件上签章盖章见证的方式，确保起诉文件得以按时提交。随后，马来西亚律师立即向法庭提出审前异议动议，要求法庭准许使用“瑕疵”起诉状。

动议中，本钢集团以领事官员的邮件回复和其他替代方式无法完成认证的事实为证据，指出提起司法审查请求是本钢板材、本钢浦项依据马来西亚法律所被赋予的一项固有权利，没有正当理由不应被剥夺，若因起诉状不符合形式要求即驳回起诉则过分苛刻。本钢板材、本钢浦项已经尽力使用律师见证这一在中国常见的方式证明了起诉文件的效力。同时，本钢集团进一步援引了马来西亚一系列在先判例，充分阐述了诉权的重要性，以及法院面对“瑕疵”起诉状时应当以保护诉权为先。被告马来西亚政府则坚持法院应以起诉书不符合形式规定为由驳回起诉。

经过审理，法院采纳了本钢集团的主张，准予接受两原告提交的“瑕疵”起诉状，将案件转入实体审理，成功突破了本案一大障碍。

（2）实体违法诉点：技术问题，化繁为简。

实体审理方面，本钢板材、本钢浦项在起诉书和答辩状中向法院主张撤销针对其的反倾销措施。本钢板材、本钢浦项围绕案件事实提出了两点涉及实体违法的诉点：①调查机关对FOB价格依然扣减海运费的做法属于不合理的计算错误；②调查机关终裁裁决中无理由拒绝使用对第一非关联客户的转售价格。

对于海运费扣减诉点，调查机关在诉讼过程中自认属于错误；对于转售价格诉点，调查机关辩称本钢板材、本钢浦项对本钢香港的销售被视为“公平交易”（arm’s length transactions），从而可以作为出口价格计算起点；且本钢集团在答卷中仅填报了本钢香港下一手交易的客户信息，通常为其他离岸贸易商，而非马来西亚的最终用户，因此调查机关拒绝使用本钢香港的转售价格于法有据。

由于马来西亚调查机关的上述错误做法属于技术性强的细节问题，而审理此案的马来西亚高等法院此前几乎没有审理反倾销类案件的经验和基础，让其直接审查上述议题，无异于赶鸭子上架。对此，律师团队决定首先将复杂问题简单化、类型化，逐步引导法官，将“战场”拉回到法官熟悉的领域；其次，借助马来西亚直接适用WTO规则的特点，结合在案证据援引大量WTO争端解决案例支持主张。

首先，本钢集团律师团队援引在案证据，将专业的技术问题归纳为法官熟悉的行政机关存在恶意，即调查机关对于其明确自认错误的做法，在具备大量的在案证据和面对反复提出的纠错主张的情形下仍然拒绝纠正，于情感上先驰得点，博得法官的同情，打下好的诉讼基础。

其次，对于转售价格诉点，从在案证据出发，以其之矛攻其之盾。本钢集团律师团队在书状中指出，在案证据表明，调查机关在原始调查中通过核查认定了下列事实：①本钢板材、本钢浦项对本钢香港的销售是在佣金安排的基础上进行的；②本钢香港对非关联客户的转售属于“公平交易”；③核查报告中，实地核查团队确认其审查了出口交易文件，且相关交易文件中也已明确记载了马来西亚客户的信息且从未拒绝接受此类信息。综上，调查机关的答辩与原始调查阶段的做法存在前后矛盾，其答辩的有力程度因此出现松动。

最后，本钢集团律师团队反客为主，援引 WTO《反倾销协定》第 2.3 条、WTO 争端解决案例欧盟 – 脂肪醇案（EU – Fatty Alcohol）和欧盟 – 生物柴油案（EU – Biodiesel）的报告，说明 WTO 专家组和上诉机构已经在类似诉点中支持了本钢集团的主张。由于 WTO 规则在马来西亚直接适用，相关报告对于法官的分析具有很高的权重，其对本案涉争诉点的分析很大程度上影响法官对相关事实情形的审查和分析。

在一套“组合拳”之下，本钢集团的实体诉点在判决书中得到了法庭的全面支持。

（3）程序违法诉点：“重磅炸弹”，掐住“命门”。

在实体违法主张的基础上，本钢集团律师团队同时抓住本案程序方面的问题，在程序违法方面提出两项诉讼主张：①签发反倾销税令的财政部部长未经审查明显实体错误即直接签发税令，存在程序违法嫌疑；②贸工部部长在终裁报告作出前即签署终裁裁决，属于预先裁决，涉嫌严重的程序违法。前者属于实体性诉点的一项附随诉点，后者则属于足以动摇整个调查裁决及反倾销措施的“重磅炸弹”。

在审阅案件材料时，律师团队发现，本案终裁裁决是一份“倒签”的裁决。调查机关发布的本案终裁报告的日期为 2019 年 3 月 7 日，该报告理论上应提交给贸工部部长，是贸工部部长作出裁决的依据。但贸工部部长签署的、具备法律效力的肯定性最终裁决所载日期却是 2019 年 2 月 27 日，早于终裁报告的签发日期，这意味着贸工部部长早在终裁报告正式作出、听取陈述理由前就已经决定了本案的结果。马来西亚的司法体系注重程序公正的重要性，法院对预先裁决问题非常敏感。对此，律师团队将此诉点作为补充诉讼请求提出，主打被告方的措手不及。

面对这一极具分量的主张，被告方很快便作出回应，即主动请求和解，以部分接纳本钢集团诉讼主张、小幅下调税率水平的条件请求本钢板材、本钢浦项撤回司法审查请求。同时，被告方在提交给法庭的答辩状中辩称，贸工部部长的最终裁决系依据审查在最终裁决签发日前作出的一份内部保密版终裁报告而作出，这符合贸工部的工作实践。

在回绝被告方的和解请求的同时，律师团队充分说理，指出根据马来西亚法律的规定，决策者在作出决策前应当基于“完整的事实信息”，“独立”地作出决定，“倒签”裁决的做法违背了这一要求；且在贸工部近期的调查中，最终裁决日均晚于终裁报告签署日，这表明被告方所辩称的“惯常做法”并不存在。律师团队进而指出，被告方所谓的“保密版终裁报告”从未出现在诉讼程序中，其辩驳没有根据。

在本钢集团坚实的证据和说理下，法庭接受了本钢集团的诉讼主张，并最终判令撤销针对本钢板材、本钢浦项的反倾销税令。

（4）和解请求：坚守阵地，不贪小利。

面对被告方在一审过程中提出的和解请求，律师团队经分析认为相关诉点如果坚持推进审理，有很大概率取得完胜，被告方提出的小幅下调税率水平和解条件显然避重就轻。本钢集团经过权衡后认为基于本案事实，争取将税率纠正至零才是核心目标，指示律师团队回绝请求。

在本钢浦项案的上诉审过程中，被告方再度提出和解请求，以本钢浦项撤回关于诉讼费用分担的主张作为被告方撤回上诉的条件。对此，律师团队与本钢集团分析后认为，上诉法院可能与一审法院有不同的取向，坚持上诉不必然能取得有利的结果。相较于在取得零税率后在马来西亚市场的长远利益，诉讼费用属于微不足道的利益。因此，本钢集团决定接受被告方提出的此次和解申请，以放弃诉讼费用分担主张的方式换来了维持一审判决的确定性结果。

3. 案件意义与启示

本案是中国企业在应诉马来西亚反倾销调查历史上，首起历经完整司法审查程序，通过胜诉判决纠正调查机关错误，从而实现撤销税令的案件。随着判决的执行，本钢集团的热镀锌产品不仅将彻底摆脱反倾销税的负担，还将取得相对于国内竞争对手的比较优势，本钢集团的热镀锌产品在马来西亚市场的品牌形象得到提升。同时，本案对于在开放国策下坚持“走出去”的中国企业应对贸易救济调查和贸易保护做法也有启示意义。

第一，要敢于“亮剑”，敢为天下先。面对马来西亚历史上缺乏中国企业通过司法审查纠正贸易救济调查裁决的背景，本钢集团通过周全部署，攻坚克难，创造了胜诉判例。这对于调查机关具有震慑意义，在日后的反倾销调查中，马来西亚调查机关将不能继续维持被认定为错误的调查方法，人为提高税率。这也启示中国企业在海外面对歧视性做法时，不应以缺少先例为由选择退却，在坚信自身诉求正当合法的前提下，应当有勇气、有底气拿起法律的武器，为自身和其他中国企业扫清前进的障碍。

第二，相信法治，勇于寻求法律救济，维护合法正当权益。近年来，受贸易保护主义抬头等因素的影响，各国对中国产品频繁发起贸易救济调查已成常态。包括马来西亚在内的东南亚国家对华钢铁产品的“双反”调查呈现高发态势。本案中，马来西亚调查机关在原始调查中坚持采用多种不合理的方法，人为抬高倾销幅度，带有严重的贸易保护色彩。本案的胜诉结果显示了马来西亚司法体系能够对行政机关行为进行有效监督。中国企业在面对国外歧视性贸易保护做法时，若当地法治环境较为健全，能有效制衡行政恣意，则应积极寻求法律救济，维护正当权益。

第三，面对贸易救济调查要充分运用程序机会、充实在案证据。各国司法审查机制及 WTO 争端解决机制对贸易救济案件的审查均采取“案卷主义”，即主要审查在案证据是否被正当考虑，调查程序外的新事实证据至多仅作为辅助性证据。因此，调查过程中确保有充分翔实的书面证据记录在案是后续有效寻求救济的前提。在本案原始调查阶段，律师团队在本钢板材、本钢浦项自身数据的基础上依照既定策略认真准备了调查问卷回答，并通过了调查机关的核查，面对调查机关的不合理做法通过评论意见、听证会等多种形式予以释明，为提请司法审查打下了坚实可靠的数据基础。在今后的应诉工作中，中国企业应在聘请的代理律师的指导下扎实准备答卷和有关数据，形成扎实、充分的在案证据，为终裁取得良好结果以及在终裁后保留寻求司法审查等渠道进行救济的机会奠定基础。

第四，在组织诉讼策略时，实体与程序诉点并重，合理安排诉讼主张。本案司法审查程序中，本钢集团精心准备了实体诉点与程序诉点，二者环环相扣，相互印证，形成了较强的说服力，使主审法官更有可能支持本钢集团的诉讼主张。对于“出海”的中国企业来说，面对各类诉讼，也应在自身

“有理”的基础上周密组织诉讼策略，做到“会说理”，如此才能更有机会取得理想的结果。

（二）巨化集团成功应对美对华制冷剂系列反倾销反补贴案件

1. 案件背景

近年来，中美贸易摩擦不断加剧，大量中国企业应诉相关贸易救济调查时铩羽而归，不得不放弃美国市场。是什么导致了这种情况的发生？中国企业应当怎样做才能冲出这样的重围？对此，我们运用一个系列案件向大家展示在律师的帮助下，企业如何在应诉上取得突破并获得胜利。

自2013年以来，美国的制冷剂产业企业不断对中国出口美国的制冷剂发起多起反倾销及反补贴调查，制冷剂行业成了美国反倾销反补贴的重灾区。在这一系列案件中，有一个活跃的身影——浙江巨化集团，显得格外瞩目。这家企业及其下属子公司在系列案件中均积极应诉并且取得了非常不错的应诉成果。金诚同达律师团队在这一系列案件中，针对浙江巨化集团自身的特点，为其量身定做了相应的应诉方案，确保企业最终在多个案件上获得了胜利。

探究中美制冷剂行业爆发经贸摩擦的原因，我们首先要关注世界制冷剂产业的发展。

（1）制冷剂的发展历史。

1805年埃文斯在真空下将乙醚蒸发，将蒸汽泵到换热器中，冷凝后再次使用，这种设备可以将水冻成冰，尽管效率不高，但是人为造冰在那个年代引起了震撼。1834年，雅各布·帕金斯建造了一套蒸气压缩系统使用乙醚作制冷剂，最早的“冰箱”出现了。二氧化碳和氨分别在1866年和1873年首次被用作制冷剂，但由于效果不好，没有被大范围地使用。1930年，杜邦（DuPont）公司发明了氯氟烃CFCs与含氢氯氟烃HCFCs制冷剂，一系列卤代烃制冷剂相继出现，杜邦将其命名为氟利昂（Freon）。

制冷剂的发展一共经历了四代技术的变革。

第一代氟氯烃烷（CFC）类物质，其中包括CFC－11（R11），CFC－12（R12），这是较早出现的制冷剂。随着科学研究的不断深入，氟氯烃烷被认为是导致臭氧层破坏的主要原因之一。

氢氟氯烃（HCFC）是取代 CFC 的第二代制冷剂，具有代表性的产品为 HCFC - 22（R22），它几乎与第一代制冷剂同时问世，被广泛应用于空调、冷冻、发泡等行业。其他的代表性产品包括 HCFC - 142b（R142b）和 HCFC - 141b（R141b）。

1987 年颁布的《蒙特利尔议定书》以臭氧层消耗潜值（ODP）和全球变暖潜值（GWP）作为衡量制冷剂环保性的标准。ODP 以 R11 的臭氧破坏影响作为计算标准，数值越大，对臭氧层破坏越剧烈。GWP 规定二氧化碳为参照气体，设定其气候变暖潜值为 1，其数值越大，温室效应越严重。二代制冷剂做到了低 ODP，但是其 GWP 居高不下。很快，更为环保的制冷剂诞生了。

HFC（氢氟烃）作为第三代制冷剂，以 HFC - 134a（R134a）、HFC - 410a（R410a）及 HFC - 245fa（R245fa 发泡剂）为代表，其 ODP 值为零。凭借着优秀的能效与环保特性，HFC 制冷剂自推出后在空调、制冷、发泡等行业得到了迅速且广泛的应用。尽管第三代制冷剂的 ODP 值为 0，但是其 GWP 值较高，大量使用仍会加速全球变暖。虽然到了第三代制冷剂，臭氧层破坏问题被有效地遏制了，但是全球变暖问题依旧很严峻。

第四代制冷剂主要是指 HFOs 制冷剂，其为化学合成工质氢氟烯烃（HFOs），代表产品包括 R1234ze 和 R1234yf。两类制冷剂都拥有零 ODP 值和极低的 GWP 值的优势。氢氟烯烃（HFOs）因兼备卓越的性能与环保性而受到了广泛的关注并被成功应用。但受到当前 HFOs 制冷剂本身的高成本以及相关专利和设备成本的提升的限制，其发展仍然处于起步阶段。

尽管更新换代是趋势，但是世界上大多数国家对第三代制冷剂仍有大量需求。美国市场对第三代制冷剂限制较小，产能在过去几年又鲜有扩张，甚至有缩减态势，美国市场的供给逐步失衡，开始依赖进口产品。除欧洲各国因全面禁止第三代制冷剂使用而导致需求下降外，其他各国尤其是发展中国家和第三世界不发达国家仍对 HFC 制冷剂有大量需求。中国由于 HFC 制冷剂成本较低，成为世界上较大的 HFC 制冷剂供给国。

与此同时，我国生产商正在抓紧研究开发第四代制冷剂 HFOs 系列产品。

然而欧美国家在第四代制冷剂产品上存在专利封锁的情形，这为我们国家制冷剂产品的转型升级带来了较大困难。

（2）欧美企业第四代制冷剂的专利“封锁”。

美国企业在第四代制冷剂上握有众多应用专利。相关专利集中在科慕和霍尼韦尔手中，部分小专利在阿克玛手中。对于中国企业来说，虽然目前已经有了生产第四代制冷剂的能力，但是由于没有掌握应用专利，无法在市场上推广，只能为握有应用专利的企业供货。这就落入了纯粹为他人打工的境地。举例来说，浙江巨化集团已经开始生产第四代制冷剂并向霍尼韦尔进行规模化供应；阿克玛自身在江苏常熟投资了第四代 7 千吨的装置，已经建成，但是由于阿克玛没有从科慕及霍尼韦尔手中获得主要应用专利的授权，还无法在市场上销售第四代产品，致使设备被闲置了 3 年。

这些美国企业为了加速淘汰第三代制冷剂产品，进而利用其在第四代制冷剂应用专利上的优势获得高额利益，迫切地希望将中国的第三代制冷剂挡在美国市场之外。

在此大背景之下，美国的制冷剂产业以反倾销反补贴调查为“武器”开始了对中国第三代制冷剂的“围剿”。目前贸易摩擦已从单一产品（R134a）延伸到了产品群（氢氟烃 HFC 及其混配类的 8 个产品），普通贸易壁垒也扩散到了技术性贸易壁垒、环境壁垒和知识产权壁垒，直抵应对全球气候变化政策和制度层面。氟制冷剂产业链已进入欧美贸易壁垒包围圈和技术壁垒的火力圈。

2. 应诉策略

（1）反倾销反补贴调查中的损害要素。

根据 WTO 相关规则及各国的立法，反倾销反补贴措施成立需要满足三个必要的条件：①存在倾销或补贴；②进口国生产相同或类似产品的产业受到了损害；③倾销/补贴同相关损害之间存在因果关系。

在美国，如何认定是否存在倾销或补贴以及如何计算倾销及补贴幅度由美国商务部进行，具体内容暂不赘述。我们重点关注损害及因果关系的认定。

在判断进口国国内产业是否受到损害时，调查机关需要收集和整理该国产业的各项经济数据，以进行全面的分析，包括：①倾销/受补贴进口产品的数量影响和倾销/受补贴进口产品对国内同类产品价格的影响；②倾销/受补贴进口产品对国内产业的影响，含对影响国内产业状况的所有有关经济因素和指标的评估，如销售、利润、产量、市场份额、生产率、投资收益状况或设备利用率存在的实际或潜在的下降，影响国内价格的因素，倾销/补贴幅度的大小，现金流、库存、就业、工资、产业增长、筹资或投资能力受到的实际或潜在的负面影响。

损害调查十分重要，原因在于，即使有些产品被认定存在倾销/补贴，但是只要损害抗辩成功，认定相关国内产业没有受到损害或不存在因果关系，税令就无法发布，也就不会采取相关反倾销反补贴的措施。

在美国，负责损害调查的是美国国际贸易委员会。该委员会由 6 名委员组成，其中，3 名共和党成员，3 名民主党成员。委员由美国总统提名并由参议院任命。每次损害调查的结果，由这 6 名委员投票做出。简单多数票的意见是最终的裁决结果，如果出现平局，则依旧认定存在损害。综上，外国企业在应诉中，在 6 名委员满编的情况下，只有获得 4 名委员做出的不存在损害或因果关系的认定，才能够获得无损害的胜利结果。

（2）近年美对华制冷剂系列产品贸易救济基本情况。

①美国对四氟乙烷（R134a）产品提起的历次“双反调查”。

Ⅰ. 2013 年第一次“双反调查”。

2013 年 10 月 22 日，美国美西公司、杜邦公司和阿克玛公司向美国商务部、美国国际贸易委员会递交申请书，申请对进口自中国的四氟乙烷产品（以下简称 R134a）发起反倾销和反补贴调查（以下合称“双反调查”）。同日，美国国际贸易委员会发起损害调查。2013 年 12 月 9 日，美国商务部正式在联邦公报上宣布立案，启动“双反调查”程序。

A. 美国商务部“双反调查”结果。

2014 年 10 月 20 日，美商务部在联邦公报上公布双反终裁裁决，裁定如下税率（见表 1、表 2）：

表 1　R134a 第一次双反调查终裁结果（反倾销税率）

分类	公司名称	反倾销税率/%
强制应诉企业	江苏蓝色星球环保科技股份有限公司	280. 67
分别税率	获取分别税率的企业	280. 67
全国税率	其他企业（含国企，如巨化等）	280. 67

表 2　R134a 第一次双反调查终裁结果（反补贴税率）

公司名称	补贴率/%
巨化（包括浙江巨化氟化学有限公司和其他巨化股份公司）	5. 71
江苏蓝色星球环保科技股份有限公司	1. 87
T. T. International Co. , Ltd.	22. 75
其他企业	14. 23

B. 美国国际贸易委员会损害调查结果。

2014 年 12 月 3 日，美国国际贸易委员会最终作出无损害裁决，裁定进口自中国的 R134a 产品并未对美国产业造成实质性损害或者损害威胁。中方产业的主要抗辩点如下：

第一，美国产业运营表现下降的原因仅是因为美国市场回归理性，与中国产品无关。

调查期之前，由于美国国内产业供应短缺，美国市场上的 R134a 产品价格畸高。这使得美国消费者不得不转向购买中国产品，从而使得中国产品的市场份额增加。同时，由于供给趋于稳定，畸高的价格回落到了合理的水平。美国国内产业唯一下降的经济指标——运营表现——之所以会下降，是因为产品的价格下降了。但是价格的降低仅是供求平衡后价格恢复到理性水平而已，同中国产品的低价销售无关。

第二，中国产品不会对美国产业造成实质性损害威胁。

中方产业运用从中国国内产业和商会获得的大量数据，向美国国际贸易委员会说明美国仅是中国产品众多销售市场中的一个。中国国内汽车保有量逐年快速增长，也孕育着庞大的中国 R134a 制冷剂消费市场。中国产业这些年扩张的产能主要就是为了满足未来中国市场庞大的需求。因此中国产品不会对美国国内产业造成损害威胁。

最终，中方产业提出的以上抗辩点被美国国际贸易委员会接受，美国国际贸易委员会最终作出无损害裁决。

基于无损害裁决，美国商务部不对中国进口产品征税。

C. 后续法院诉讼。

就美国国际贸易委员会作出的无损害终裁结果，美国美西公司和杜邦公司向美国贸易法院提起诉讼。诉讼历时 1 年多，最终美国贸易法院维持美国国际贸易委员会的无损害裁定，驳回上诉。

D. 针对浙江巨化集团的特定应诉方案。

本次案件中，浙江巨化集团下属的浙江巨化氟化学有限公司及其关联企业参与了应诉。由于自 2012 年开始美国商务部收紧政策，基本上不再给予国有控股企业以分别税率，国有企业在美国进行反倾销应诉时将被直接施以惩罚性的全国税率。也就是说，浙江巨化集团如果去商务部应诉反倾销调查，可以确定其只能获得一个高于 100% 的反倾销税率。因此应诉伊始，我们就帮助浙江巨化集团设计了积极进行行业无损害应诉的应对方案。由浙江巨化集团领头，动员行业内多家企业共同参与无损害抗辩。在整个无损害抗辩过程中，由浙江巨化集团引荐的多位美国证人在美国国际贸易委员会的听证会上发言并提供翔实的证据，充分证明了美国市场 R134a 产品价格畸高及其引发的各种问题，为中方的无损害抗辩打下了坚实的基础。

Ⅱ. 2016 年 R134a 产品第二次反倾销调查。

2016 年 3 月 3 日，美国氢氟烃联盟①向美国商务部、美国国际贸易委员会递交反倾销调查申请，要求对进口自中国的 R134a 产品再次进行反倾销调查。同日，美国国际贸易委员会启动损害调查初裁阶段。美国商务部于 2016 年 4 月 1 日在联邦公报上正式公布对进口自中国的 R134a 产品启动反倾销调查。

① 联盟的成员包括：Amtrol Inc.，Arkema Inc.，The Chemours Company FC LLC 1，Honeywell International Inc.，Hudson Technologies，Mexichem Fluor Inc.，Worthington Industries，Inc.。

A. 美国商务部反倾销调查结果。

2017 年 3 月 1 日，美国商务部正式公布反倾销调查终裁结果，认定如下反倾销税率（见表 3）：

表 3　R134a 第二次反倾销调查终裁结果（反倾销税率）

分类	公司名称	反倾销税率/%
强制应诉企业	浙江三美化工股份有限公司	148.79
分别税率	获取分别税率的企业	148.79
全国税率	其他企业（含国企，如巨化等）	167.02

B. 美国国际贸易委员会损害调查结果。

2017 年 4 月 5 日，美国国际贸易委员会公布损害调查终裁裁决，认定自中国进口的 R134a 产品对美国国内产业造成了实质性损害和损害威胁。

C. 法院诉讼情况。

中国产业就这一结果并未选择诉讼。浙江巨化集团就分别税率问题进行了诉讼，但未获得美国贸易法院的支持。考虑到中美贸易摩擦加剧的大格局情况，以及避免产生对其他国企不利的法院先例，浙江巨化集团放弃了向美国联邦上诉法院的上诉。

D. 本案的得失。

在律师的分析和协助下，浙江巨化集团在本案的应诉过程中秉承了之前的思路以进行应对。但是苦于美国市场环境发生了重大变化，对中方有利的美国产业无损害事实不再存在，因此未能复制上一次的成功。尽管如此，浙江巨化集团依然在整个案件中做出了不懈的努力。

②针对氢氟烃（HFC）单体及混合产品的反倾销调查。

2015 年 6 月 25 日，美国氢氟烃联盟及其成员向美国商务部和美国国际贸易委员会提交申请书，请求对进口自中国的 HFC 单体及混合产品启动反倾销调查。美国国际贸易委员会于同日启动了损害调查。美国商务部于 2015 年 7 月 22 日正式启动反倾销调查。

Ⅰ. 美国商务部反倾销终裁结果。

2016 年 6 月 29 日，美国商务部正式公布反倾销调查终裁结果，认定如下反倾销税率（见表4）：

表4　HFC单体与混配反倾销调查终裁结果（反倾销税率）

分类	公司名称	反倾销税率/%
强制应诉企业	东岳	216. 37
	T. T. International Co. , Ltd.	101. 82
分别税率	获取分别税率的企业	101. 82
全国税率	其他企业（含巨化企业）	216. 37

Ⅱ. 美国国际贸易委员会损害调查结果。

2016年8月5日，美国国际贸易委员会正式公布本案终裁结果，认定自中国进口的HFC单体产品并未对美国产业造成实质性损害或者损害威胁，而自中国进口的HFC混配产品却对美国产业造成了实质性损害。由此，美国商务部仅对中国进口HFC混配产品颁发了反倾销税令。

在调查开始后，律师同浙江巨化集团进行了深入的市场情况调研与取证，发现美国国内混配产业的运行虽然不济，但是单质产业运营良好，且中国对美出口主要为单质产品。律师以此为切入口进行了卓有成效的抗辩。

中方产业的主要抗辩点如下：

第一，HFC单体与HFC混配不是同类产品，HFC单体产品没有对美国国内产业造成任何损害；

第二，美国国内HFC单体产量不足，无法满足National公司生产混配的需要，因此该公司必须进口单体产品以生产混配或直接进口混配产品，除此之外别无选择；

第三，非被调查HFC混配产品的生产应当也属于美国国内产业的一部分，而包括了非被调查HFC混配产品在内的美国国内产业表现良好，没有遭到损害。

美国国际贸易委员会在终裁中采纳了前两点抗辩主张，最终裁定中国HFC单体产品未对美国产业造成损害。

Ⅲ. 原审无损害终裁后续诉讼程序。

2016年9月9日，就美国国际贸易委员会单质无损害裁决，美国阿克玛公司、科慕公司和霍尼韦尔公司在美国贸易法院提起诉讼，要求美国贸易法院撤销美国国际贸易委员会作出的单体产品无损害裁决，并将本案发回至美国国际贸易委员会重审。

2018 年 2 月 16 日，美国贸易法院发布了本案的第一次判决，部分支持美国国际贸易委员会的裁定，同时也认为美国国际贸易委员会的部分裁定存在事实认定不清的情况，并将该部分裁定发回美国国际贸易委员会重审。

2018 年 5 月 2 日，美国国际贸易委员会重新作出裁决，裁决依然认定 HFC 单质与混配产品为两种不同产品，美国 HFC 单质产业并未遭受任何来自中国 HFC 单质产品导致的实质性损害或者损害威胁，而美国 HFC 混配产业遭受了实质性损害。

2018 年 11 月 20 日，美国贸易法院就美国国际贸易委员会的重审裁决作出第二次裁决，将美国国际贸易委员会的重审裁决再次发回重审，并要求美国国际贸易委员会在 2019 年 1 月 8 日前完成重审。

2019 年 3 月 12 日，美国国际贸易委员会再次就美国贸易法院要求重审的事项作出重审裁决，裁决维持之前的裁决，认定 HFC 单质与混配产品为两种不同产品，美国 HFC 单质产业并未遭受任何来自中国 HFC 单质产品导致的实质性损害或者损害威胁，而美国 HFC 混配产业遭受了实质性损害。

2019 年 7 月 3 日，美国贸易法院肯定了美国国际贸易委员会的重新裁决。

2019 年 9 月 9 日，申请人将案件上诉至美国联邦巡回上诉法院。

2019 年 10 月 10 日，申请人撤回上诉。

3. 针对 HFC 单质产品的反规避调查

2019 年 4 月 4 日，美国氢氟烃联盟及其成员向美国商务部提起反规避调查申请，主张美国进口商大量进口中国生产的 R－32 和 R－125 等单质产品后在美国进行混配，生产出被调查混配产品，以规避缴纳 HFC 混配产品的反倾销税。

反规避调查是美国国内产业在诉讼之外寻求的另一法律武器。立案后，美国商务部根据“数量和金额问卷”选取强制应诉企业，浙江巨化集团作为中国最大的单质产品出口商之一被列为强制应诉出口商。为维护中国国内产业在此前一系列法律程序中所获得的成果，浙江巨化集团委托金诚同达作为其代表全程参与调查，积极行使法律权利、发表抗辩意见，对美国国内产业的发难进行回应和驳斥。在调查进程过半之时，美国商务部作出中国单质产品构成规避的初裁裁决，并指示美国海关对中国单质产品采取临时措施。虽然形势一度对国内产业不利，但是金诚同达协助浙江巨化集团联合美国进口商，运用法律程序找到了案件的突破口：在美国商务部作出初裁后，浙江巨化集团与美国进口商分别致函美国国际贸易委员会，请求该委员会履行磋商权利，反对美国商务部作出的存在规避的裁决。2020 年 8 月 14 日，美国商务部迫于美国国际贸易委员会的反对意见，最终作出反规避调查否定性裁决——这是美国反倾销法规设立反规避条款后的 30 年中，美国国际贸易委员会首次同美国商务部磋商并提供书面的反对意见，也是中国应诉企业取得的一项重大突破。

反规避调查程序的设立是为了防止已发布的反倾销或反补贴税令被相关方以任何方式予以规避导致税令效果被削弱。相比其他的贸易救济调查，反规避调查有特别的构成要件和调查程序。根据美国《1930 年关税法》的规定，反规避调查通常针对如下产品展开：在美国装配或完成的产品；在第三国组装的产品；被细微改变的产品；后期开发的产品。

在 HFC 单质产品反规避调查中，申请人所主张的是第一种类型的“规避行为”。在申请人的描述中，美国进口商自美国商务部发布混配产品反倾销税令后就不再从中国进口混配产品，转向进口不被采取反倾销措施的单质产品。这些单质产品被作为美国国内混配生产工序的原材料，用于生产混配产品并在美国国内销售。申请人认为，由于从单质产品到混配产品中间发生的成本很小、工序简单、对机器设备的要求不高，进口商可以很容易地从进口混配产品转为进口单质产品，规避反倾销税令的影响，继续用来自中国的产品对美国混配产业实施损害。

申请人所主张的第一种类型的“规避行为”的构成要件中最重要的是“在美国国内所发生的生产行为是否是简单的、非实质的加工作业”以及相对应的“涉案产品（单质产品）在最终产品（混配产品）的价值中是否占据显著的比例”。如果经证明两个要件均不成立，那么美国商务部不能得出规避行为存在的结论。

针对这两个要件，我方所依据的重要事实是美国国际贸易委员会在2016年单质产品无损害终裁以及其后两次法院重审中多次论证并确认的事实：混配产品的生产对先进的生产设备以及专业的技术员工有较高要求，混配产品的生产过程并非简单的混合作业，而是具有独立特征和实质意义的生产行为。美国国际贸易委员会作出这一裁决是基于对美国混配产业的投资规模、技术要求以及设备完善程度等一系列指标的分析，并且这一分析和裁决得到了美国贸易法院的支持。正是基于以上判断，美国国际贸易委员会在损害程序中分别分析了进口自中国的产品对美国单质产业和混配产业的影响，并作出HFC单质产品的进口不损害美国产业的最终裁定。

在损害程序中，美国国际贸易委员会同时认定，经过混配作业后，最终产品较单质形态有较大的增值幅度。这项判断与前述关于混配作业的性质分析互为映照。美国国际贸易委员会综合各方提交的证据，经过细致的分析，发现混配生产并非简单的加工装配作业，而是对产品的性状、质地和物理特性有显著改变的生产行为，并且需要雇用掌握专业技术的员工以及购置价格高昂的先进设备，这些都作为生产投入转换为最终产品的价值，由此进一步区分了作为生产原料的单质和作为产成品的混配。据此，申请人诉求所依据的法律条文中第二项重要的构成要件亦未满足，美国商务部不能认定进口自中国的单质产品构成对税令的规避。

很明显，申请人虽然清楚中国出口的单质产品并未构成对税令的规避，但仍企图以反规避为工具将税令之外的产品强行纳入规制范围。但是，申请人显然没有意识到，以往的判例早已明确，不得通过反规避调查将被明确排除的产品纳入税令范围。在Wheatland诉美国案中，美国联邦巡回上诉法院明确指出，美国商务部不得通过反规避调查将原审税令所明确排除的产品纳入税令范围内；虽然商务部有权通过税令解释或反规避调查对原本不包含于税令范围的产品征税，但是这种调查权需要被正确地运用和规制。根据美国联邦巡回上诉法院的判决意见，美国商务部对于税令的解释和扩张并不能与税令本身的含义产生矛盾冲突，即如果税令明确排除了某项产品，那么运用其他调查手段将产品纳入税令范围就是对税令的错误解释和扩张。虽然单质产品与混配产品同时在2015年的反倾销调查中被作为涉案产品，但是经过美国商务部和美国国际贸易委员会的终裁裁决，最终发布的税令只将混配产品纳入征税范围，单质产品由于未对美国国内产业构成损害，被明确排除在税令范围之外。基于Wheatland诉美国案中上诉法院设立的原则，美国商务部不得通过肯定性的裁决，对美国国际贸易委员会此前已经裁定没有产生损害或损害威胁的单质产品征税。

根据美国《1930年关税法》的规定，要对某一项进口产品征税，就必须在倾销和损害两项程序中获得肯定性的裁决。单质产品并没有被裁定为对美国产业构成损害，并因此被排除在税令范围之外。而申请人如今想通过反规避调查的手段，越过美国国际贸易委员会的职权，在没有损害肯定裁决的情况下，向美国商务部申请对单质产品征税，违背了美国《1930年关税法》的法律精神和立法目的。因此，不是中国出口的HFC单质产品构成对美国反倾销税令的规避，而是申请人企图通过反规避调查实现对法律本身的规避。

除实体抗辩外，本案中的一大突破是中方产业对调查程序和法律权利的灵活运用。根据美国《1930年关税法》第781（e）条的规定，美国商务部在终裁前必须向美国国际贸易委员会通报，说明其拟扩大税令范围的具体情况，而美国国际贸易委员会有权要求磋商并在存在重大损害问题的情况下出具书面意见。但是，美国国际贸易委员会在过去的30年中从未同美国商务部磋商并发表过反对意见。在接到美国商务部认定规避存在的初裁裁决时，我方决定通过美国国际贸易委员会磋商程序来进一步巩固并声明我方观点，也清楚地知道其中的困难。但是，本案中的重要诉点正是在于申请人和美国商务部对美国国际贸易委员会此前损害裁决的漠视，我们认为美国国际贸易委员会也同样会认识到，这一漠视将导致案件走向错误的方向，使各方在此前的努力功亏一篑。因此，我们决定迎难而上。

初裁结束后，金诚同达代表浙江巨化集团向美国国际贸易委员会提交了书面评论意见，详细阐述了美国商务部在初裁中的错误判断，请求美国国际贸易委员会同美国商务部进行磋商并向美国商务部表达支持中国产业的意见。2020年6月5日，美国国际贸易委员会提出与美国商务部就肯定性初裁进行磋商。6月11日，美国国际贸易委员会代表与商务部进行了正式会面。7月

6 日，美国国际贸易委员会向商务部提交了书面意见，并在该意见中指出，如果商务部对来自中国的 HFC 单质产品作出规避成立的裁定，将 HFC 单质产品纳入反倾销税令，将引发重大损害问题。因为此举将导致没有被裁定为对美国产业构成实质损害或实质损害威胁的 HFC 单质产品被征收反倾销税，与美国国际贸易委员会在原审中的否定性损害裁定冲突。

美国国际贸易委员会的书面意见对美国商务部的终裁裁决起到了决定性的作用。在 2020 年 8 月 14 日的反规避调查终裁裁决中，美国商务部明确表示，由于美国国际贸易委员会致函所表达的对于损害问题的关切，美国商务部决定作出不存在规避行为的否定裁决。

4. 经验小结

本案是应对美国反规避调查的一次成功经验，也是对美国反规避调查所涉各项实体和程序法规的一次完整演练。在过去 30 年中，美国商务部运用反规避调查作为贸易救济手段的次数并不多，但是近些年来却有日渐增长的趋势，因此本案的胜利对未来应诉类似调查提供了很好的借鉴意义。金诚同达代表浙江巨化集团参与本次反规避调查，几乎历经了所有的程序节点，并在每个程序中都进行了积极参与，并运用法律赋予的权利进行了充分的抗辩。

（1）适当拖延立案程序，抓住时间窗口。

案件伊始，通过对案情的仔细分析，金诚同达代表浙江巨化集团向美国商务部提出，在美国国际贸易委员会作出单体产品无损害裁决的情况下，美国氢氟烃联盟此次申请发起反规避调查，理由不够充分，并多方面指出本次调查缺乏充分的法律依据，强烈反对立案。按照美国贸易救济调查程序，从申请人发起申请到立案，通常只需 15 天。但经多次交涉，案件自 2019 年 4 月 4 日发起申请，美国商务部在 2019 年 6 月 18 日才立案，耗时 75 天之久。这在美国商务部的立案程序上是少之又少的。浙江巨化集团为国内企业多争取了整整 2 个月的出口“窗口期”。

（2）团结各方力量，争取有利结果。

立案之后，美国商务部根据“数量和金额问卷”结果选择了包括浙江巨化集团在内的 3 家中国企业以及 4 家美国进口商作为强制应诉企业。金诚同达在代表浙江巨化集团提交烦冗复杂的调查问卷时，主动与美国各进口商协调统一抗辩立场，每周召开跨洋电话会议互换信息，对申请人提出的每一份主张仔细研读并给予回击。2020 年 3 月 19 日，申请人提出“豁免”主张，请求美国商务部豁免其在立案后从中国进口的单质产品需要缴纳的临时措施。对此，金诚同达判断美国国内单质产品产能不足，导致包括申请人在内的美国企业在立案之日后还需要从中国进口相当数量的单质产品。为此，金诚同达代表浙江巨化集团在进行反击的同时说服其他美国进口商与浙江巨化集团保持一致主张。在各方努力下，尽管美国商务部在 2020 年 4 月 7 日发布初裁，认定规避成立，但没有采纳申请人提出的“豁免”方案。中方在美国商务部初裁中取得一项策略性胜利，逼迫申请人不得不选择考虑完全放弃该案件。

（3）积极参与程序，充分表达意见。

金诚同达代表浙江巨化集团参与了每一项重要问题的抗辩，从美国商务部接到申请书开始，金诚同达就没有放过任何一个为客户、为国内产业争取合法利益的机会。首先，金诚同达在尚未立案之时，向美国商务部表达了浙江巨化集团对于申请人主张的反对，以美国国际贸易委员会此前的损害裁决为依据，说明本案不具有立案基础，请求美国商务部不予立案。在立案之后，金诚同达通过“数量和金额问卷”，请求美国商务部将浙江巨化集团子公司——浙江衢州联州致冷剂有限公司排除出涉案主体范围，得到了美国商务部的认可。在正式调查程序启动后，金诚同达代表浙江巨化集团向美国商务部提交了对替代国价值的评论意见、初裁前评论和反驳意见、初裁后评论和反驳意见，对单质产品价值占比计算、追溯征收的合理性、反倾销税令豁免等问题提供了关键证据。在初裁后，金诚同达代表浙江巨化集团致函美国国际贸易委员会，请求其行使磋商权利。在美国国际贸易委员会致函美国商务部表达反对意见后，金诚同达再次代表浙江巨化集团对美国国际贸易委员会的反对意见表达支持，并驳斥了申请人对美国国际贸易委员会的反对。在终裁发布前，金诚同达参与了美国商务部的听证会，代表浙江巨化集团重申了国内产业对美国商务部此次反规避调查的强烈反对。可以说，金诚同达充分运用了整个调查程序，为客户和国内产业尽了最大努力。

5. 案件意义与启示

（1）结合企业自身实际选择恰当的应诉策略。

在中美贸易摩擦背景下，中国国有企业即使应诉反倾销调查，也大多只能获得惩罚性税率。在2013年参与R134a制冷剂调查伊始，律师在应诉方案的设计上就选择侧重于行业损害抗辩。

事实证明，律师的这个应对方案最终发挥了重要的作用。企业倾销应诉并没有取得好成绩，中国各家企业的税率在280.67%。整个中国制冷剂行业呈现出“哀鸿遍野”的景象。但由于浙江巨化集团带头坚持进行行业无损害抗辩，最终取得了无损害的胜利结果。我们为浙江巨化集团设计的应对方案奏效了。

（2）冷静与坚持的态度。

在历次协助浙江巨化集团进行应诉的过程中，所有的胜利通常是在最后阶段反转。这对于律师来说是非常严峻的考验。面对每一次的困难，律师都需要保持冷静的头脑，去研究如何化解一个又一个的危机。

（3）律师与客户对证据材料的深度挖掘。

浙江巨化集团是国内最早进行氟制冷剂项目的企业。其常年对该行业的深耕造就了其对各国氟制冷剂市场的深刻了解，并在各个市场上找到了值得信赖和有能力的合作伙伴。

在2013年的R134a制冷剂无损害抗辩中，律师从浙江巨化集团及其合作伙伴处获得了大量翔实的市场数据。这些数据成为最终证明美国国内R134a制冷剂的售价只是从畸高水平回落到正常税率的重要证据。在HFC制冷剂案中，也是由于律师同浙江巨化集团的深入沟通，摸清了单质产品和混配产品市场的具体情况，律师才想出了创新的抗辩思路。

（三）赛轮越南公司应诉美国轮胎反倾销原审获零税率

1. 案情简介

中国轮胎产品一直以来都是国外反倾销、反补贴及保障措施等贸易救济调查的重点。早在1997年，南非就针对中国的乘用车轮胎发起过反倾销调查。在此之后，智利、委内瑞拉、秘鲁、埃及、阿根廷、厄瓜多尔、墨西哥、印度、美国、巴西、哥伦比亚、欧亚经济联盟、土耳其、欧盟等先后对中国的轮胎发起了反倾销、反补贴和保障措施调查。面对众多的海外调查，中国轮胎产业一次次艰苦应诉，有成功也有失败。在中国轮胎产业应诉的整个过程中，青岛赛轮集团在多个案件的应诉中取得了极佳的应诉成果，成为行业中应诉的“排头兵”。金诚同达自 2014 年开始，代理赛轮集团参与了多起贸易救济调查，积累了大量代理轮胎行业应诉的经验。我们将带大家简要了解反倾销和反补贴的基本概念，然后纳入赛轮案件应对的情况进行成功经验的总结。

2014 年 7 月，美国发起了对中国乘用车及轻卡车轮胎的反倾销反补贴调查。当时，青岛赛轮集团被选为反倾销的强制应诉企业，并遴选金诚同达律师团队协助其应诉。当时金诚同达就协助赛轮集团以强制应诉企业的身份全程参与了反倾销调查，并最终获得了反倾销税保证金零税率的优秀应诉结果。在此次应诉过程中，青岛赛轮集团同申请人针对多项原材料的替代国价格展开了激烈的辩论，并就多项争议取得了美国商务部的支持认定。根据该结果，青岛赛轮集团得以保证继续对美国出口涉案的轮胎产品并逐步扩大在美国市场的份额。

尽管如此，对中国轮胎产品的反倾销反补贴调查也引发了青岛赛轮集团对其生产全球布局上的深刻思考。彼时，青岛赛轮集团已经在筹划其东南亚的新工厂。有了中国公司应诉美国“双反”的经验，青岛赛轮集团更是将应对贸易救济调查的念头刻进了骨子里。在其投资设厂伊始，青岛赛轮集团就聘请金诚同达的律师团队协助其进行相关的准备工作，包括：对其越南产品进行原产地评估，确保相关产品能被认定为越南产品，且不属于美国商务部反规避的范畴；对越南的生产进行预审计，根据企业财务数据测算可能的产品正常价值，并以此为依据合理制定越南轮胎产品对美销售价格，避免发生美国所认定的倾销行为。

在协助青岛赛轮集团越南工厂准备的过程中，金诚同达根据美国相关法律的要求，对青岛赛轮集团越南工厂的生产进行了深入细致的分析。我们详尽分析了生产轮胎原材料的原产国，并在此基础上，结合美国海关有关裁决，向青岛赛轮集团提供了为确保产品被认定为越南原产而应当采取的措施的建议。在此基础上，我们进一步就反规避提出建议，如应当将某些从中国进口的原材料改为从越南本地采购或从第三国进口。

在完成原产地及反规避的分析后，金诚同达帮助青岛赛轮集团越南工厂进一步进行反倾销的预先准备。我们从赛轮越南定期搜集生产要素数据，并结合美国商务部可能使用的替代国数据，预估测算其生产的每种轮胎型号的正常价值。在有了预测的正常价值后，赛轮越南结合市场供求的情况，对产品进行定价，确保相关产品的对美销售价格能够高于估算的正常价值。由此保证未来赛轮越南面临反倾销调查时，可以取得良好的应诉结果。

2020 年 6 月，美国商务部启动了对越南的乘用车和轻卡车轮胎的反倾销和反补贴调查。同时还对韩国、泰国等发起了反倾销调查。

赛轮越南工厂被选为强制应诉企业，全程参与了美国商务部的反倾销反补贴调查。金诚同达代表赛轮越南参加了此次调查。

这次调查非常复杂，作为生产商的赛轮越南、作为贸易商的赛轮香港和一家加拿大关联公司均需参加调查。经过近一年的调查，金诚同达最终帮助赛轮越南获得零税率的良好结果，美国商务部因此终止了对赛轮越南的调查。美国商务部还同期公布了对韩国、泰国等地相同产品的反倾销和反补贴调查结果，赛轮越南获得整个东南亚反倾销和反补贴合并最低税率。凭借反倾销应诉取得的优势税率，赛轮越南可以继续向美国出口，并进一步扩大其市场份额。其他越南生产商也将受益于这种低税率。

2. 应诉策略

（1）反倾销概述。

反倾销指对外国商品在进口国市场上以低于正常价值的价格进行销售的倾销行为所采取的抵制措施。由于倾销行为会造成对进口国国内生产相同或类似产品企业的损害，为了保证贸易的公平，进口国政府会对倾销的外国商品征收除一般进口税外的额外关税，使其不能廉价出售，此种附加税被称为“反倾销税”。

反倾销税由进口国的进口商承担，其势必会将这些额外关税增加到这些进口产品在进口国国内的售价中。如果税率太高，加价后的售价同进口国国内生产商所生产的产品相比毫无竞争优势，那么进口商自然就不再愿意从该出口国进口该产品。这也就达到了将该出口国的产品排除在进口国市场之外的目的。

在反倾销调查程序中，中国的企业需要面对进口国的调查机关。以美国为例，通常会有两个政府机构负责相关调查。一个是美国商务部，它负责调查外国产品是否存在倾销的行为；另一个是美国国际贸易委员会，它负责调查倾销是否造成美国国内产业受到了实质性的损害。

在调查程序上，美国国际贸易委员会负责的损害调查和美国商务部负责的倾销调查是程序相互独立但又相互影响的两个调查程序。只有美国国际贸易委员会裁定存在肯定性损害和美国商务部裁定存在肯定性倾销两个条件同时满足，才会最终发布反倾销和反补贴税令。

反倾销调查对企业而言，既是挑战也是机遇。如果企业不应诉，美国商务部完全可以根据其现有的信息，包括采用申请人提供的信息或者其他可获得信息，作出对中国公司最为不利的极高倾销幅度的裁定。这意味着今后至少 5 年甚至更长的时间内，这些企业的产品将被课以高额的反倾销，从而被完全排除在美国市场之外。同时，根据以往案件来看，一国对中国的反倾销调查往往会引发多米诺骨牌效应，其他国家和地区（如欧盟和加拿大）的国内产业也可能会被启动调查。轮胎产业就是这种情况。所以企业要积极利用贸易规则，争取相对较低的税率甚至零税率，形成竞争优势，保住及扩大在进口国的市场。

（2）倾销幅度的认定。

根据 WTO 相关规则，计算倾销幅度中所使用的正常价值的依据为相关产品的内销价格。在内销价格不可用的情况下（例如无内销或内销数量太少），可以根据成本构造正常价值或使用对第三国的销售价格作为确定正常价值的依据。将产品在进口国销售时的出口价格同正常价值进行比较，如果出口价格低于正常价值，就存在倾销，反之则不存在倾销。简言之，一个产品，企业在国内售卖的价格低于其往被调查国销售的出口价格时，就不存在倾销。

但是实务中，美国等国家一直拒绝承认中国是市场经济国家，认定中国国内销售价格及相关产品的成本受所谓计划经济的影响，不能被用来作为确定正常价值的基础。美国商务部在对中国产品进行倾销幅度调查时，使用替代价格的方法来确定中国产品的正常价值。

美国法律认为，虽然中国产品的成本因为所谓“计划经济”而不可信，但是生产单位产品所消耗的原材料、能源、水电及劳动力是客观不受计划经济影响的。所以，美国法律规定，非市场经济国家在接受反倾销调查时，要向美国商务部提供生产单位产品的消耗数据（factor of production，FOP），然后，美国商务部用这些原材料、能源、水电等的替代价格代入，计算出使用替代价格构造出的产品正常价格。

美国商务部在选择替代价格的时候有一系列步骤。

首先，美国商务部会以世界银行发布的人均毛国民收入这个经济指标为依据，找到同中国在经济发展上处于相近水平的国家。通常会有 6 个备选的国家。之后，美国商务部会根据备选国家中是否有生产同被调查的产品相同或类似产品的企业，以及相关数据的可获得性等因素的考量，选择一个国家作为替代国。在确定替代国之后，美国商务部会从这些国家搜集相关原材料的替代数据，通常是这个国家进口相关原材料的价格。除了原材料外，美国商务部还会在这个替代国找到一家生产相同或类似产品的企业，以其公开的财务报表计算得出制造费用比率、销管财费用比率及利润率。有了消耗数据及替代价格，美国商务部就可构造出这个产品的正常价值。

表 5 就是一个正常价值的计算过程示例。

表 5　正常价值计算示例

项目	FOP	A 国替代国价格/美元	B 国替代国价格/美元	A 国正常价值/美元	B 国正常价值/美元
A 原材料	1.5	2	3	3	4.5
B 原材料	0.4	3	4	1.2	1.6
C 原材料	0.8	2.5	3.6	2	2.88
能源	0.2	3	4.5	0.6	0.9

续表

项目	FOP	A 国替代国价格/美元	B 国替代国价格/美元	A 国正常价值/美元	B 国正常价值/美元
劳动力	0.3	2	1.5	0.6	0.45
副产品	0.2	0.6	0.4	0.12	0.08
生产成本				7.28	10.25
制造费用				1.46	3.08
销管财费用				0.52	1.33
利润				0.20	0.40
正常价值				9.64	15.05
出口价格				12.10	

通过表 5 我们可以看出，在企业对美销售价格确定的情况下，选择怎样的替代国对最终是否存在倾销有着极其重要的影响。在表 5 中，选择 A 国作为替代国时，产品没有倾销，而选择 B 国作为替代国时，产品就存在倾销了。

如前所述，美国商务部在选择替代国时，通常要从 6 个潜在的替代国中选择一个替代国，然后从该替代国搜集相关替代数据。由于替代价格在不同国家有着非常显著的差异，如何说服美国商务部选择一个对应诉企业有利的替代国，是中国企业反倾销应诉过程中一个非常重要的抗辩事项，其成功与否直接决定了案件的结果。

（3）原产国及反规避概述。

一旦发起反倾销调查的国家采取了反倾销措施，一些受影响的出口企业就会想办法来规避反倾销税。这包括一些显著违法的手段，例如在第三国转口更改产品原产地，也包括一些并不明显的规避手段，例如在第三国进行简单加工后再进行出口。

针对这些做法，各国都有相关的规定及调查。因此，企业在采取相应规避措施前，有必要同律师进行沟通和讨论，确保相关规避做法满足有关原产地的要求以及不会触发反规避调查。下面我们以美国为例进行说明。

①原产地/原产国。

据美国海关的定义，“原产国”指进入美国的任何外国物品的制造、生产或生长国。如 A 国的某种物品在 B 国进行了进一步的加工，则该加工只有是“实质性改变”，才能使该加工产出的产品在美国法律中被认定为“原产于 B 国”。

所谓的“实质性改变”指加工过程产出了一种新的不同的物品，其名称、性质或用途与加工之前的物品的名称、性质或用途不同。具体而言：

一是“产品名称”改变：产品在该段制造加工后名称改变，例如从钢丝变为弹簧。但如果仅是名称改变，通常不足以说服美国海关认定进行该进一步加工的国家为原产地国。

二是“产品特性”改变：产品在加工后物理特性改变，例如将黄铜制成乐器或农产品经加工变成食品等，美国海关可能判定进行该进一步加工的国家为原产地国。

三是“产品用途”改变：美国海关在判定产品用途是否改变时，多采负面检验法，即在最后加工工序完成前，进口产品之最终用途是否已无法改变，而非着重于在某地之加工是否改变完工后之产品用途。例如美国海关主要观察特定商品在抵达某国前，相关零配件是否已加工至具有“特定用途”（predetermined use）的程度，如果相关零配件在抵达某国前已完成至仅可供特定商品使用的程度，则一般不会将该组装国认定为商品原产地。

比如，在“Energizer Battery，Inc.（以下简称 EB 公司）V. United States”案中，EB 公司是美国军用手电筒之供货商，该公司自中国进口绝大多数的零配件至美国后组装，相关产品的原产国最终被美国贸易法庭认定为中国而非美国。其主要的原因是 EB 公司进口至美国的手电筒零配件在抵达美国时均已成形并仅能供组装成该特定型号的手电筒使用，不具备“产品用途”的改变，故不符合实质性改变原则。

再如，2018 年，美国海关针对由中国进口零配件至墨西哥组装后出口美国的电动马达作出相同原产地裁决。美国海关认为该电动马达的零配件均来自中国，且已加工至具有“特定用途”之程度，即使在墨西哥完成组装并成为不同产品，也无法认定墨西哥为产品原产地。接续前述案例，“组装”是决定商品是否已达实质性改变时的常见要素，美国海关在考虑来自不同国家的零配件在某国完成组装是否满足实质性改变时的标准众多，既包括前述名称、特性及用途是否改变，又包含关键零配件的产地、组装过程的复杂程度、组装所需的劳动程度，以及生产商在组装地之投资程度等。因此，即便产品进行加工后的进口税则号改变，也不能保证其符合“实质性改变”原则。此外，美国海关也会考虑不同生产过程对于产品附加价值的贡献程度，但并未明确符合“实质性改变”的附加价值标准，原则上仍以个案认定相关加工过程是否使产品“实质性改变”。

综上，为了合法规避反倾销税令，最主要的一点就是要确保相关产品的原产地/原产国的认定。只有产品的原产地/原产国被认定为非涉案国家，才能初步确保这些产品不会被征收双反税。

②反规避行为。

反规避调查程序的设立是为了防止已发布的反倾销或反补贴税令被相关方以任何方式予以规避导致税令效果被削弱。相比其他的贸易救济调查，反规避调查有特别的构成要件和调查程序。

这里我们以美国为例进行说明。根据美国《1930年关税法》的规定，反规避调查通常针对如下产品展开：在美国装配或完成的产品；在第三国组装的产品；被细微改变的产品；后期开发的产品。

Ⅰ. 在美国装配或完成的产品。

这一规避手段为：在税令发布后，将生产涉案产品的各种零部件进口到美国，在美国装配成产品并销售给美国客户。

在满足如下条件时，美国商务部就会认定该行为是对税令的规避，并将相关的零部件纳入税令范围内：在美国销售的产品与受税令约束的产品是相同或同类产品；在美国销售的产品是由原产于受税令约束的外国的零部件完成或装配而成的；在美国的装配或完成工序是“轻微的或不重要的”；从受税令约束国家进口的零部件价值是构成完工产品价值的主要部分。

在最终将进口零部件纳入税令范围前，还需要考虑以下因素：贸易模式，即是否在税令发布后，相关产品零部件的来源发生了变化；在美国进行加工装配的生产商是否与出口零部件的生产商为关联公司；自原始调查以来，是否进口到美国的零部件一直增长。

Ⅱ. 在第三国组装的产品。

这一规避手段为：在税令发布后，将生产涉案产品的各种零部件进口到第三国，在第三国装配成产品之后再出口销售到美国。

美国商务部判断在第三国完成或组装的商品是否规避反倾销税令的要素和标准如下：A. 在美国销售的产品与受税令约束的产品是相同或者同类产品：贸易模式或采购模式是否在税令之后发生了变化；当事人之间是否存在关联关系（中国生产商或出口商与第三国或美国生产该商品的公司之间是否存在关联关系）；在税令之后，从外国进口或销售的商品是否增加。B. 在第三国组装或完成的过程是否轻微或不重要：在第三国或美国的投资水平；在第三国或美国的研发投入水平；第三国或美国的生产过程的性质；第三国或美国的生产设施的规模；在第三国进行加工产生的增值，是否仅占进口到美国的商品价值的较小部分①。C. 商品在中国生产部分的价值是否占出口到美国的商品的总价值的较大部分②。

Ⅲ. 被细微改变的产品。

这种规避手段指在一项产品被美国征收反倾销和/或反补贴税后，出口商为了使以后出口到美国的产品脱离被征税产品的范围，而将产品进行细微加工，例如对产品的形式或外观做出改变。

美国的法律并没有明确规定认定细微的客观标准。实践中，美国商务部会根据案件的特定情况进行认定。总的来说，一项细微改变是否构成规避，关键是看该产品经过改变后的物理特性及消费者对产品的期待和购买选择等是否随之改变。如果该产品仅被认为改变了产品的外观形态，其他方面没有发生根本变化，那么这个产品基本会被纳入税令范围内。

Ⅳ. 后期开发的产品。

这种规避手段指税令发布后，在被征税的产品基础上开发出新的产品。

---

① 在以往的实践中，美国商务部认为，20% 以上的数字即无法表明增值比例“不重要”；10% ~20% 是一个灰色地带，商务部可能会根据其他信息综合判断这个范围内的数值是否表明“不重要”；对于低于 10% 的数字，商务部将有非常大的概率得出“不重要”的结论。但是商务部在解释这些数字时有很大的自由裁量权。在近期的一个极端案例中，商务部甚至认为 30% 的增值是不重要的。

② 根据美国商务部的实践，如果相关原材料来自中国，则在进行该标准判断时，会使用该原材料的替代国价格进行计算。

如果其在一定物理性能或最终购买者对他们的期望、最终用途、贸易渠道，以及广告和陈列方面与税令项下产品实质性相同，那么美国商务部就可以将其纳入税令范围内。

美国商务部就此进行审查的标准包括：后期开发产品同被调查产品是否具有相同的一般物理特性；后期开发产品最终消费者期待与被调查产品的预期是否相同；后期开发产品的最终用途与被调查产品的最终用途是否相同；后期开发产品与被调查产品的贸易渠道是否一样；后期开发产品与被调查产品的广告宣传与展示方式是否相同。

企业在拟采取规避手段时，特别是通过在第三国投资设厂来继续对美出口时，一定要对照以上标准进行事先的评估。

3. 案件意义与启示

本案是中国企业走出去后，带动“一带一路”国家共同应对外国贸易救济调查并获得比较优势的典型案例。赛轮越南的应诉结果大幅削弱了美国对中国在越南所设轮胎产业对美出口设置的贸易壁垒。在美国贸易保护主义抬头的大背景下，赛轮越南取得的来之不易的胜利保护了中越轮胎行业利益，捍卫了中越轮胎行业的荣誉。

（四）中国轮胎企业在欧盟卡客车轮胎“双反”终裁诉讼案中获得一审胜诉结果

1. 案情简介

（1）从“不利双反终裁”到“决定提起诉讼”。

2018 年 10 ~ 11 月，欧盟委员会（以下简称欧委会）公布欧盟卡客车轮胎反倾销、反补贴最终裁决（以下简称双反终裁），确定对进口自中国的卡客车轮胎征收 42. 73 ~ 61. 76 欧元/条的双反税。尽管相比于初裁税率有所降低，但是高额的双反税仍然严重阻碍中国卡客车轮胎继续向欧盟市场出口。

经过对双反终裁的仔细分析，金诚同达律师事务所与欧洲世强律师事务所（以下统称律师团队）作为原审反倾销、反补贴调查损害抗辩代理律师，认为欧委会在双反终裁中的认定存在明显事实认定与法律适用错误，且通过这些“错误”人为地推高了中国企业的双反措施水平。律师团队认为欧委会双反判决中的违法行为主要体现在如下 3 个方面：

①忽略中方产业提供的大量事实证据，认定的事实有悖行业常识。

在调查中，欧委会完全忽视中方产业提交的用于证明新胎与翻新胎为不同产品的大量事实性证据，认定新胎与翻新胎为相同产品。此外，中方产业还提供大量证据证明翻新胎厂商实质上为售后服务提供商，不应当纳入欧盟国内产业分析范围。对此，欧委会未采纳，并执意认定翻新胎厂商为轮胎生产商。

欧委会的以上事实认定缺乏证据支持，且与轮胎行业常识相悖。

②程序性违法——欧委会严重损害了中方产业的平等抗辩权。

直至发布双反终裁，欧委会都未向中方产业披露申请人和抽样欧盟生产商的身份信息，未向中国橡胶工业协会与中国五矿化工进出口商会（以下简称商协会）披露必要的倾销幅度和损害幅度（尤其是与最终幅度相关的非损害价格）的计算依据与过程。中方产业多次提出披露请求但均被拒绝。欧委会的这一行为严重损害了中方产业的平等抗辩权。

③实体性违法——欧委会并未客观审查欧盟产业是否存在损害。

欧委会“创新性”地通过加权欧盟产业的数据（加权的过程中甚至出现计算错误），人为地放大不利数据的影响，进而认定欧盟产业存在实质性损害。这是欧委会第一次使用该方法分析损害数据。

在计算价格削减幅度与损害幅度时，欧委会未能使用“同一贸易水平”的价格进行比较，对存在关联进口商的中国企业，以进口商向非关联客户的销售价格为起点，在扣除进口商的利润与三项费用后构造了一个较低的、虚假出口价格与欧洲生产商的关联贸易商对最终用户的销售价格进行比较，从而人为地推高价格削减幅度以及损害幅度，最终导致对中国企业的双反措施水平较高。

基于以上分析，律师团队认为中方产业具有较为充分的法律依据将欧委会的双反终裁起诉至欧洲普通法院。与此同时，就 2018 年年底～2019 年年初的整个中欧贸易环境而言，将欧委会的上述“创新性”损害分析方法起诉至欧洲普通法院也具有长远的积极影响。在近期欧委会举办的贸易救济调查年会上，欧委会贸易救济调查团队表示有意在今后的调查中继续使用“创新性”分析方法，除非欧洲普通法院明确判定这些行为违法。如果中方产业对此保持沉默，不及时将欧委会的这些行为诉至法院，这些行为一旦被推广，中方产业今后在欧盟的贸易救济调查应诉环境中将更为艰难，合法权益将更加无法得到保障。

除上述法律层面的考量外，从中国企业角度出发，如此高额的双反措施水平将导致中国企业逐步丧失欧盟市场，企业亟须寻求方案逆转不利局面。

基于上述考虑，律师团队强烈建议商协会代表中国卡客车轮胎生产企业，就双反终裁在欧洲普通法院提起诉讼。在征求涉案企业意见后，商协会决定采纳律师团队建议，决定代表愿意参加诉讼的轮胎出口企业向欧盟普通法院提起集体诉讼，要求撤销针对中国起诉企业的反倾销和反补贴措施。

（2）应诉过程——持久战。

2019 年 1 月 15 日与 2 月 6 日，律师团队代表商协会向欧盟普通法院分别提交反倾销终裁起诉书和反补贴终裁起诉书，指出欧委会在双反终裁中存在的若干事实认定和法律适用错误，请求欧盟普通法院撤销双反税令。

2019 年 4 月 24 日，Marangoni SpA 向欧洲普通法院递交申请，请求作为诉讼第三人参与程序，以支持欧委会。2019 年 5 月 2 日，欧洲普通法院向商协会送达 Marangoni SpA 申请书。之后，欧洲普通法院准许 Marangoni SpA 作为第三人参与诉讼。

2019 年 5 月 16 日，欧委会向欧洲普通法院提交针对反倾销终裁起诉书的答辩状和针对反补贴终裁起诉书的答辩状。欧洲普通法院于 5 月 21 日向商协会送达该两份答辩状。

2019 年 6 月 27 日与 7 月 1 日，律师团队代表商协会分别向欧洲普通法院递交了针对欧委会反倾销答辩状和针对欧委会反补贴答辩状的反驳意见。

2019 年 9 月 19 日，Marangoni SpA 向欧洲普通法院提交第三人意见，支持欧委会的主张，请求欧洲普通法院驳回原告方的诉讼请求。欧洲普通法院于 10 月 7 日向商协会送达该文书。2019 年 10 月 22 日，律师团队代表商协会向欧洲普通法院提交针对 Marangoni SpA 第三人意见的评论，反驳第三人的主张。

2019 年 9 月 23 日，就律师团队提交的反驳意见，欧委会予以书面答复。

欧洲普通法院于10月7日向商协会送达该反驳意见。至此，欧洲普通法院一审程序中的书状环节结束。

2019年11月13日，律师团队向欧洲普通法院提交申请，请求就本案进行庭审，当庭陈述上诉意见。

2020年年初~2021年年初，因疫情缘故，本案程序暂缓。2021年5月，欧洲普通法院发布庭审通知，确定庭审日期为7月9日。7月9日前后，围绕庭审前问题清单以及庭审焦点，律师团队与商协会共同讨论了诉讼主张，确定庭审方案。

2021年7月9日，欧洲普通法院开庭审理本案。在庭审中，律师团队据理力争，请求欧盟普通法院撤销双反税令。在庭审过程中，法庭重点关注原告身份适格问题、商协会的程序性权利问题、损害分析方法问题以及欧委会价格比较方法问题，律师团队也针对法庭的问题进行了充分的答复。

2022年5月4日，欧盟普通法院公布了一审裁决，支持了我方核心主张并驳斥了欧委会的错误做法和主张，驳回了欧委会要求部分撤销税令的备选主张，最终判决完整撤销欧委会有关对华卡客车轮胎的双反税令，撤销效果覆盖提出诉讼的企业。

2. 应诉策略

（1）原告方的选择。

从诉讼策略上考虑，律师团队建议以商协会作为原告，代表与双反终裁有直接法律关系的中方企业提起集体诉讼。这样一方面可以通过商协会协调各个应诉企业，避免分散应诉中可能出现的观点冲突，导致中方产业诉讼力量被削弱，另一方面也可以“集中力量办大事”，大大降低各个企业的应诉成本。经与中方企业商议，商协会同意律师团队的建议，组建了以商协会为代表，共27家中方轮胎企业应诉的强大原告方。

原告方适格问题为本案的一大争议点，被告方欧委会试图通过攻击商协会和企业的原告方身份，希望从程序上使本案原告方诉请被驳回，而避免进入实质审理。欧委会的主攻点是商协会以及部分中方企业无诉的直接利益，因此不是适格的原告方。中方律师团队通过坚实的法律抗辩，最终争取到欧洲普通法院的有利裁定。

在诉讼过程中，律师团队重点强调商协会的“双重身份”，其当然具有诉的直接利益：一是商协会作为欧盟卡客车轮胎反倾销程序的利害关系方，有权代表自己对终裁提起上诉，主张欧委会的若干行为违反了《欧盟反倾销条例》和《欧盟反补贴条例》的规定，损害了商协会合法权利；二是商协会作为行业组织，有资格代表卡客车轮胎生产商、出口商提起上诉，主张欧委会终裁存在若干法律适用错误，损害了中国卡客车轮胎企业的合法权利。就第二重身份，律师团队收集了27家中方企业为商协会会员的会员资格证以及中方企业给商协会的诉讼委托授权书，以落实商协会的“代理人”身份。

就企业而言，被告欧委会的攻击对象是27家企业中在原审调查未被抽中和未提供配合的企业。律师团队表示，无论是否抽中或者是否提供配合，双反终裁对这些企业的出口活动都有直接影响，这些企业有诉的直接利益。

最终，欧洲普通法院接受律师团队的主张，认定商协会以及应诉的中方企业具有原告资格。诉讼资格问题的胜利为全案胜利奠定了程序基础。

（2）核心诉讼主张。

在确定诉讼主张时，律师团队采取“全面开战＋重点突出”的战略。

在起诉书中，律师团队详细罗列出欧委会在原审双反调查过程中以及双反终裁中存在的若干事实认定错误以及法律适用错误，具体提出如下六项诉讼请求，请求欧洲普通法院撤销欧委会反倾销终裁裁决并判决由欧委会承担本次诉讼的相关费用。

①欧委会损害经济指标分析方法违法。

《欧盟反倾销条例》和《欧盟反补贴条例》规定，在进行损害调查时，欧委会应当在依据肯定性证据，综合衡量欧盟产业所有相关经济指标后，客观审查欧盟产业是否存在实质性损害。然而，在本次反倾销调查中，欧委会对欧盟抽样生产商的经济指标进行了二次加权处理，并基于人为处理后的数据，认定欧盟产业存在实质性损害。同时，欧委会还选择性地使用未加权数据，认定无损害价格。

首先，律师团队主张欧委会基于加权处理的数据进行损害分析的行为违法，人为调整后的数据不构成“肯定性证据”，基于此种数据进行的损害分析也不是“客观审查”。其次，即使欧委会的加权行为并不违反法律，律师团队也主张欧委会使用的权重并不准确。最后，欧委会在计算无损害价格时使用了未经加权的利润率。欧委会这种选择性使用加权数据的行为导致其损害分析方法缺乏统一性，从而直接导致其价格影响分析、无损害价格分析甚至整个损害分析无效。

②欧委会对新胎与翻新胎产品、产业定性错误。

《欧盟反倾销条例》和《欧盟反补贴条例》规定，欧盟产业应当由欧盟同类产品生产商或者以生产同类产品为主的生产商构成。换言之，只有生产商才能构成欧盟产业，服务提供者并不属于生产商。

然而，在本次反倾销调查中，欧委会将翻新服务提供者定性为生产商，认定其构成欧盟产业的一部分。律师团队认为，欧委会的这一定性违背行业常识，缺乏事实证据支持。即使欧委会可以认定欧盟产业包含翻新厂商，但新胎与翻新胎具有显著差异，欧委会也应当将这两种产品认定为不同市场层级产品，应当分别进行损害分析。此外，来料加工服务与自备胎体翻新即使同为翻新服务，律师团队认为这也是完全不同的两种加工模式，欧委会在分析数据时不能简单地将两种模式翻新厂商的数据混合，与新胎生产商数据直接合并分析。

除以上两点外，欧委会在先前的竞争法判例法中认定新胎与翻新胎应当分属两个市场，根据欧盟判例法的既判力原则，欧委会在本次反倾销调查中关于产品的裁定应当与先前判例保持一致，认定新胎与翻新胎为两种不同产品。

由此，律师团队主张，欧委会对翻新厂商与翻新胎产品的错误定性违反了《欧盟反倾销条例》和《欧盟反补贴条例》中的相关规定以及既判力原则。

③欧委会进行价格比较的方法违法。

在《欧盟反倾销条例》和《欧盟反补贴条例》中没有明确条文规定损害分析中的价格比较应当如何进行，结合倾销幅度计算中对价格比较的要求以及损害分析要求的“客观性”，律师团队主张欧委会在损害分析中进行价格比较时，应当在可比产品之间比较价格。

在本案中，第一，欧委会在计算进口产品价格削减幅度及认定非损害价格时，并未充分考虑中国第三层级进口卡客车轮胎与欧盟产业第三层级轮胎之间的物理差异。具体而言，在反倾销程序中，律师团队前后提交多份评论意见，提供了充分的事实性证据证明欧盟产业第三层级翻新胎的里程数高于中国出口的第三层级卡客车轮胎，欧委会在进行价格比较时，应当提高中国出口轮胎的价格或者降低欧盟翻新胎的价格，以确保价格比较在里程数相当的轮胎之间进行。然而欧委会并未采纳。

第二，欧委会使用构造价格来计算价格削减幅度和损害幅度。由于扣除了关联进口商的利润以及管理费用等，构造出口价格相比于实际售价较低，欧委会使用这一价格进行比较，确实提高了价格削减幅度及损害幅度。然而，这些幅度并不能显示欧盟产业的实际情况，不具有任何意义。律师团队认为，欧委会基于这些数据进行的分析不满足《欧盟反倾销条例》和《欧盟反补贴条例》所要求的“基于肯定性证据进行的客观审查”。

④欧委会关于因果关系的认定违法。

在本次反倾销调查中，为了认定损害与倾销产品之间存在因果关系，欧委会认定新胎与翻新胎之间、不同层级轮胎之间具有“联动性”。欧委会认定自中国进口的轮胎多归属第三层级，与欧盟第三层级轮胎（基本为翻新胎）之间存在直接竞争，且对欧盟第三层级轮胎产业造成了损害。通过“联动性”分析，欧委会认定欧盟产业整体存在损害。欧委会试图通过以下两点建立起不同层级轮胎之间、新胎与翻新胎之间的竞争关系：

一是为了缓解由中国第三层级轮胎带来的竞争压力，大量欧盟第一层级、第二层级轮胎品牌开始生产第三层级新胎，以保护欧盟第三层级翻新产业；

二是由于提供翻新服务是欧盟第一、第二层级新胎品牌的核心竞争力之一，欧盟翻新胎产业受损也导致第一、第二层级新胎产业受损。

对此，律师团队主张欧委会的以上分析缺乏事实证据支持，存在明显逻辑漏洞。首先，基于商业常识，欧盟第一、第二层级轮胎涌入第三层级市场并不能保护欧盟第三层级翻新市场，反而可能起到相反作用，更多新胎的涌入会恶化翻新产业的受损情况。其次，翻新服务即使是品牌的核心价值，其本质上也仍属于轮胎产品的售后市场，不可能与新胎之间存在直接竞争关系。

欧委会的分析并没有建立起不同层级轮胎之间、新胎与翻新胎之间的竞争关系。

根据相关法律要求，欧委会应当基于肯定证据，直接分析中国出口新胎的数量、价格是否直接造成欧盟不同层级新胎产业、翻新胎产业遭受到实质性损害。然而欧委会并未进行该分析。

此外，欧委会并未分析其他因素可能对欧盟产业造成的影响，例如先前提及的欧盟第一、第二层级轮胎生产商涌入第三层级市场对第三层级翻新胎产业的影响，以及律师团队在评论意见中多次强调的翻新胎产业加工成本变化对其财务状况的影响等。欧委会并未对以上情况提供详细分析。

基于以上内容，律师团队主张欧委会对因果关系的认定违反了《欧盟反倾销条例》和《欧盟反补贴条例》的规定。

⑤欧委会的行为侵害了商协会的平等抗辩权。

直至终裁发布，欧委会仍未向中方产业披露申请人和抽样欧盟生产商的身份信息，也拒绝了商协会的多次披露请求，未向商协会披露必要的倾销幅度和损害幅度（尤其是非损害价格）的计算依据与过程。

欧委会的这些行为严重违反了欧盟法律的规定，致使商协会不能通过提交全面的评论意见来充分行使抗辩的权利。

⑥欧委会以增值税为由提高正常价值的做法违法。

由于反倾销调查立案时间在欧盟反倾销新法规颁布之前，反倾销调查仍适用旧法。根据旧法《欧盟反倾销条例》，中国仍为“非市场经济”国家，在计算倾销幅度时应当使用替代国价格。

此外，《欧盟反倾销条例》规定在计算倾销幅度时，欧委会应当根据情况调整正常价值与出口价格，以保证价格比较的公平性。具体而言，在间接税方面，法律规定如果国内同类产品价格中包含某种间接税，而对出口产品并不征收，或者被退回，欧委会需要下调国内同类产品价格，进而来保证价格比较的公平性。

在本次调查中，欧委会认定巴西为合适的替代国，使用巴西卡客车轮胎内销价格作为正常价值与中国出口轮胎价格进行比较。巴西内销价格构成不包含任何增值税，而中国轮胎出口价包含不可抵免增值税。欧委会“依照欧盟相关法律”提高了巴西轮胎内销价格，以保证价格比较的公平性。

律师团队主张欧委会的调整违法。首先，律师团队指出欧委会应当肯定中国的市场经济地位；其次，如果坚持认定中国为非市场经济国家，欧委会在认定中国出口轮胎的正常价值时应当完全使用替代国方法，而不应当在认定中国市场被“增值税系统等因素扭曲”的同时，又在认定正常价值的时候考虑不可抵免增值税；最后，欧委会存在法律适用错误。《欧盟反倾销条例》明文规定的是只有存在国内同类产品被征收某种间接税，而出口被调查产品不征收或者征收后被退回时，才能够调整内销价格。然而本次调查的情况是巴西内销价格不存在某种间接税，而出口价格存在被征收的间接税。由此，法律适用的大前提并不满足，欧委会依此调高内销价格的行为缺乏法律依据。

由此，律师团队主张欧委会以增值税为由提高正常价值的做法违法。

就上述六项主张，重点主张是第一项主张与第三项主张的第二部分。第一项主张中包含纯粹的计算错误，且这一计算错误会直接影响损害认定；第三项主张的第二部分有以往胜诉判例可做参考，且该项错误将直接影响损害的认定以及措施水平的计算，影响程度较大。律师团队判定基于这两项主张，欧洲普通法院作出撤销判决的可能性较大。因此，律师团队将这两项主张作为诉讼重点。

（3）胜诉主张。

在本次一审诉讼中，律师团队的如下核心主张获得了法院的支持，成为获胜的关键。

①商协会及原审未被抽中、未配合企业具备原告资格。

在诉讼程序伊始，欧委会即挑战商协会的原告资格，若干在双反原始调查中配合但未被抽中企业（如三角轮胎）和提起诉讼但未参加原审调查企业（如潍坊跃龙、合肥万力）的原告资格，认为双反终裁对商协会、未抽中企业甚至未配合企业不构成“直接关切”，因此这些主体不具备法定原告资格。

律师团队对这一观点表示反对，并指出：首先，对于配合但未被抽中的起诉企业，该类企业被明确列在双反终裁的附件 I 中。因此，双反终裁构成对这类企业的“直接关切”。其次，对于未参加原审调查的企业，双反终裁虽未单独一一列举该类企业，但也对这类企业的出口活动带来直接影响。因此，双反终裁构成对这类企业的“直接关切”。最后，商协会作为利害关系方参与了双反原审调查，双反终裁亦对其抗辩权造成了实际侵害，因此，其也对双反终裁有独立的“直接关切”，应当具有原告资格。同时，商协会作为享有原告资格企业的行业组织，有资格代表其会员企业提出诉讼。

欧盟普通法院在一审判决中支持了律师团队的主张，既支持了商协会作为企业代表提出的诉讼主张，也支持了商协会作为独立原告提出的有关程序性权利受损的诉讼主张。

②欧委会未能在损害调查中进行公平的价格比较。

在原审双反调查中，损害幅度是欧委会决定双反措施水平的核心依据。然而，欧委会在计算损害幅度时，采用了不公正的计算方法，人为推高了损害幅度。欧委会采取的计算方法具体如下：

一是就生产商、出口商直接销售给非关联客户的情况，欧委会使用出厂水平的欧盟生产商销售价格与扣除进口相关以及进口后费用的还原到“抵达欧盟关税区”的中国出口价格进行比较。

二是当交易中存在关联贸易商环节时，欧委会使用欧盟生产商的关联贸易商对非关联客户的销售价格作为起点，扣除相关运费、保险费等以回归出厂价。然而在计算中国出口商的“抵达欧盟关税区”的价格时，欧委会构造了一个虚拟的进口价格，即使用中国企业在欧盟关联公司对非关联客户的销售价格，在扣除进口及进口后相关费用的基础上，进一步扣除了关联公司的利润以及三项费用，使用这一较低的虚拟“进口出厂价”与欧盟的出厂价进行比较。

对第二种情况中的人为操作，欧委会调高了损害幅度，进而推高了税率水平。

在诉讼过程中，律师团队指出这一计算方法实属违法行为，欧委会违背了其客观调查的法定义务，且这一违法行为直接导致双反税率被推高，进口商税赋加重，中国出口商的商业活动受到负面影响。律师团队主张欧盟普通法院应当判定欧委会的这一行为违法，并撤销双反终裁。

欧盟普通法院在一审判决中支持了我方主张，严厉批评了欧委会的这一违法行为，并惩罚性地判决完整撤销欧委会的双反终裁。

③欧委会在损害调查中存在其他计算错误并侵害了商协会的平等抗辩权。

在起诉状中，律师团队指出欧委会在计算损害幅度时存在一些计算错误，这些计算错误会对损害分析、损害幅度产生直接影响，由此，欧盟普通法院应当撤销双反终裁。欧盟普通法院在一审判决中支持了我方主张。

商协会在原审双反调查中作为利害关系方积极参与了调查，并积极进行了无损害抗辩。然而，欧委会在调查过程中多次拒绝向商协会披露损害幅度的计算细节，导致商协会无法就该类计算提出评论意见、充分行使抗辩权利，这一行为严重侵犯了商协会的平等抗辩权利。律师团队认为欧委会的这一行为已经构成违法，且会对最终措施的合法性造成实质性影响。

欧盟普通法院在一审判决中充分肯定了行业协会作为利害关系方参与双反调查、充分行使抗辩权利的重要性，认为我方主张具有事实和法律依据，应当被全面支持。

综上，欧盟普通法院认定，双反终裁存在的上述计算错误以及对行业协会程序性权利的侵害已经足以致使其被全部撤销。

3. 案件意义与启示

欧盟普通法院在本案中充分肯定了符合条件的行业组织以及企业的原告方资格，这为行业、企业应对外国贸易救济调查提供了新思路。当企业应诉结果不理想时，行业和/或企业将调查终裁结果诉至法院也可以被作为一个中长期救济方案，通过司法救济方式反对不公平贸易救济措施，为企业挽回海外市场。

欧盟普通法院充分尊重行业组织代表企业参与双反损害调查中的独立、平等抗辩权，在今后的案件中，行业组织可以充分利用该权利，为中方企业的合法权利据理力争。

欧盟普通法院全面否定了欧委会的若干种不公正计算方法。若中国企业在今后应诉欧盟双反案件中遭遇到类似做法，行业、企业可以直接援引本案，要求欧委会在调查过程中纠正错误做法，降低措施水平。

就轮胎企业自身而言，如欧委会不提出上诉，胜诉判决生效，参与诉讼企业可以返回欧盟市场，其进口商可以申请返还已经缴纳的双反税。而且本案诉讼程序在一定程度上也保证了“谁参加，谁受益”，体现了一定程度的公平，给一些想着“搭顺风车”的企业敲响了警钟，即在遭遇各种不公平贸易救济调查时，应该全力以赴、积极应对。

二、涉外仲裁与诉讼

著名金融媒体公司在美国法院巨额名誉权侵权案中使原告以撤诉方式结案

1. 重要法律概念介绍

（1）不方便法院原则（the doctrine of forum non conveniens）

不方便法院原则一般指受案法院虽对案件具有管辖权，但如果审理此案会给当事人以及司法带来种种不便，且此时如果又存在一个对诉讼同样有管辖权的可替代法院，则该法院可以自身为不方便法院作为根据，依职权或根据被告的请求作出自由裁量以决定是否中止或撤销诉讼的一项法律制度。

不方便法院原则的运用在跨境争议解决案件中比较常见。中国公司在美国法院被诉时，有时会依据美国法下的不方便法院原则申请美国法院驳回该等诉讼；中国公司在中国法院起诉境外被告时，境外被告也可能根据中国法下的不方便法院原则请求中国法院驳回该等案件。

（2）属人管辖权（personal jurisdiction）

管辖权是法院审理案件的基础，在美国，属人管辖权是美国法院获得管辖权的依据之一。

美国的属人管辖权分为一般管辖权（general jurisdiction）和特殊管辖权（specific jurisdiction）。一般管辖权指被告与法院地具有“系统且持续的联系”，使其在任何条件下都能为法院地的法院所管辖。有学者将这种联系表述为在法院地有“实质意义的家”（“essentially at home” in the forum）。对于个人来说，通常用永久居住标准来判断是否具有这样的联系。而对企业来说，主要看企业的注册地或主要营业地是否在法院地。特殊管辖权指法院在被告与法院地存在某些特定联系且本案诉讼请求与该种联系存在关联的情况下具有的管辖权，虽然被告与法院地不具有“系统且持续的联系”。

（3）长臂管辖（long - arm jurisdiction）

长臂管辖权实际上属于属人管辖权的一种特别管辖权，即美国法院依据各州的“长臂法规”（long - arm statutes）对非本州或非本国的居民被告行使司法管辖权。

在美国，联邦和各州在各自的权力范围内享有独立的司法管辖权，因此州法院只能管辖本州公民及领土内发生的案件。如果非本州公民要作为被告在本州出庭受审，则必须满足本州法律的特别规定。这些特别规定往往就是各州的“长臂法规”。

当法院对被告不具有一般属人管辖权时，则需要确定法院地所在州的长臂管辖规则能否提供对被告行使管辖权的法律依据。美国许多州都通过立法规定了长臂管辖权，原则上，只要满足相应州的长臂管辖规则要求，则意味着当地法院对该非本州居民享有属人管辖权。如纽约州的相关规定明确指出，针对“商业交易”“侵权行为”等争议种类可以适用长臂管辖。

当然，在更高层面，各州的长臂法规案所设立的规则也需满足联邦最高法院发展的“最低限度的联系”（minimum contacts）原则，即非本州公民能意识到他在该州开展的活动或获取的收益有可能被起诉到法院，或这起纠纷涉及本州的利益，或起诉非本州公民不违背“公平竞争和实质正义的观念”，那么州法院才可以对非本州的公民拥有司法管辖权。

美国联邦最高法院在 1945 年“国际鞋业公司诉华盛顿州”一案中，确立了“最低限度的联系”的含义，依据美国《联邦宪法第十四修正案》中正当程序条款的精神，在被告没有出现于法院所在州内但与该州有最低联系时，只要将被告置于州法院的属人管辖权下不会冒犯公平竞争和实质正义的传统观念，州法院就对被告享有属人管辖权。所以此处的“最低”指的是具有“足够的”的联系。

（4）送达（service）

送达指司法机关按照法定程序和方法将诉讼文书或法律文书送交收件人的诉讼行为，目的是使收件人了解送达文书的内容，以参与诉讼活动、行使诉讼权利、履行诉讼义务。送达必须按照法定程序和方式进行，否则不能产生法律效力，也不能达到预期的法律后果。

美国《联邦民事诉讼规则》第 4 条规定了起诉状和传票送达的相关要求。其中提到对于被告在美国境外的公司或个人，可以采用《海牙送达公约》（1965 年《关于向国外送达民事或商事诉讼文书和非诉讼文书海牙公约》）中规定的方式进行送达。该条约规定，在条约一方所在国法院起诉条约另一方所在国被告时，应将起诉的司法文书（包括起诉状等）提交被告所在国指定的中央机关，由其安排送达给被告。虽然该条约也规定了直接邮寄送达的方式，但因为中国在加入《海牙送达公约》时对条约直接邮寄送达的条款进行了保留，所以通过直接邮寄的方式送达给位于中国境内的被告不仅不符合海牙公约的要求，也不符合中国《民事诉讼法》的要求（虽然美国法院也有可能认定该等送达在美国法律下构成有效的送达）。按照《海牙送达公约》的送达要求，在美国起诉一个中国被告，应将送达请求书提交给中国司法部，司法部收到后转交最高人民法院，由最高人民法院转交高级人民法院，再由高级人民法院转交送达地中级人民法院，最后由中级人民法院将文件送达给被告。

（5）缺席判决（default judgement）

通常情况下，为最大限度地保障双方当事人的合法权益，法院要求双方当事人出庭并围绕案件争议进行充分辩论，然而实践中经常出现当事人因种种原因无法到庭的情形，为了防止一方当事人缺席而导致程序过分迟延或争议无法解决，法院不得已只能缺席审理并作出缺席判决。

根据美国《联邦民事诉讼规则》，如果被告在被有效送达后仍不进行答辩，则原告在符合相应的程序要求的情况下，可以申请法院对案件作出缺席判决。由于法院作出缺席判决时意味着没有机会听取被告的答辩，缺席判决往往会支持原告大部分的诉讼请求。

2. 案情简介

（1）前海旗隆公司“失联记”。

深圳前海旗隆基金管理有限公司（以下简称前海旗隆公司）为业内知名私募基金，于 2014 年 4 月 1 日在深圳市市场监督管理局登记成立。

上市公司国民技术有限公司（以下简称国民技术公司）（SZ. 300077）于 2015 年发布的 2015 - 075 号公告称，为了适应公司发展需要，其全资子公司国民投资与前海旗隆属下子公司北京旗隆医药控股有限公司（以下简称北京旗隆公司）合作设立产业投资基金——深圳国泰旗兴产业投资基金管理中心（有限合伙）（以下简称深圳国泰），首次投入人民币 3 亿元参与设立。

深圳国泰自设立以来，按照既定目标方向稳步推进，积极寻找新兴的科技、医药等行业的优质成长型企业项目。此后，国民技术公司于 2016 年 3 月 2 日发布 2016 – 016 号公告称，国民投资公司进一步增加对深圳国泰的投资额 2 亿元，至此国民投资公司累计投入 5 亿元人民币。2016 年 12 月 24 日，国民技术公司发布 2016 – 051 号公告，称其全资子公司国民投资公司收到深圳国泰分红 5000 元。

2017 年 11 月 29 日晚间，深圳证券交易所发布公告称国民技术拟披露重大事项，经申请公司股票于 2017 年 11 月 29 日开市起停牌。次日，国民技术公司发布 2017 – 059 号公告，称前海旗隆公司、北京旗隆公司的相关人员均失去联系，公司已经在 2017 年 11 月 28 日晚间向公安机关报案，截至本公告披露时，公司尚未收到公安机关是否予以立案的通知。为了维护广大投资者的利益，公司申请停牌。此后，多家媒体前往前海旗隆公司位于北京和深圳的两处办公地点，发现已经人去楼空，前海旗隆公司创始人兼董事长代某峰本人的电话也已无法接通，市场推测代某峰已经卷款“跑路”。该事件被称为 2017 年 A 股市场最大的“黑天鹅”事件。

2018 年 12 月 28 日，国民技术公司发布 2018 – 078 号公告称，公司于 2018 年 1 月 24 日收到深圳市公安局出具的“立案告知书”，市公安局以代某峰、徐馨某妮等人涉嫌职务侵占罪立案侦查。2018 年 2 月，国民投资公司因合伙企业纠纷对北京旗隆公司及第三人深圳国泰提起诉讼。深圳市人民检察院经审查于 2018 年 12 月 25 日依法决定对涉嫌职务侵占罪的在逃犯罪嫌疑人代某峰等批准逮捕。2019 年 8 月 22 日，国民技术公司公告（2019 – 043 号）称，深圳前海合作区人民法院于 2 月作出判决，将被告北京旗隆公司从第三人深圳国泰中除名。由于深圳国泰仅剩国民投资公司一名有限合伙人，所以依照《合伙企业法》解散，由国民投资公司担任清算人。

（2）代某峰在美国以名誉权侵权等诉由起诉某中国著名金融媒体。

2017 年年底，国内各大主流媒体，包括腾讯、新浪、搜狐和南华早报等在内的媒体都广泛报道了中国著名投资人——人称“医药巴菲特”的代某峰卷走上市公司国民技术公司所投资的 5 亿元资金并被中国检察机关以涉嫌职务侵占罪批捕的事件。某中国著名金融媒体也第一时间对此进行了报道。

然而，1 年之后，2018 年年底，代某峰却联合其在美国的公司在美国纽约州最高法院起诉了该金融媒体公司以及公司的相关高管一共 3 位被告（以下简称被告），以名誉权侵权等 6 项诉由向被告索赔超过 5 亿美元的赔偿金。

金诚同达受被告委托牵头中美律师团队应诉，以无属人管辖权、不方便管辖和送达瑕疵等 3 项理由向法院申请驳回起诉，成功使原告撤回起诉。

3. 应诉策略

（1）积极应诉，避免缺席判决。

由于美国法院存在缺席判决制度，如果被告在被有效送达后没有在法定期限内应诉，则原告可申请对被告进行缺席判决。以往，不少中国企业在是否应诉上的态度容易有所迟疑，特别是当原告并没有严格按照《海牙送达公约》进行送达时，中国企业会认为既然这个送达本身是无效的，不如置之不理。但实际上，美国法院在认定一个送达是否有效时的规则相对复杂，一项没有通过《海牙送达公约》的送达，也经常会被美国法院认定为在美国法下构成有效送达。

在本案中，一共有了 3 个被告，其中有 2 个被告当时在被进行《海牙送达公约》时没有签收，对有效送达存在抗辩，但是考虑到本案金额巨大，如果纯粹依据原告没有效送达的事实，对该诉讼置之不理，一旦日后被缺席判决，可能就无法再挽回已经发生的不利后果，风险也难以承受。因此，被告在权衡后，决定应诉。

（2）以程序不当要求驳回起诉。

在决定应诉后，根据美国法院诉讼程序，被告有 2 个应诉选项，第一个选项是提交答辩状，对起诉状问题进行一一反驳，第二个选项则是提交驳回起诉申请书，以程序不当等法定理由为由，申请法院直接驳回诉讼。

策略拟定上，我们选择先提交驳回起诉申请书而非直接提交答辩状，一方面为尽早结束诉讼创造可能，另一方面也避免让案件更快进入到对中国客户通常较为不利的证据开示阶段。

本案的三个因素（美国长臂管辖权、客户是在我国香港特区注册的美国上市公司、案件诉讼对象——网络报道的跨界跨国传播属性）增加了本案管辖权异议的难度，而美国法律体系的证据开示制度，又进一步加大了中国客户的风险。此外，本案原告的多重身份和不同被告的不同身份使本案的管辖和跨境送达问题也变得复杂。

我们申请驳回起诉的理由主要如下。

①送达无效。

尽管原告按照《海牙送达公约》规定的方式，将文书送达给了本案其中一名自然人被告，但却没有送达给公司被告和另外一名自然人被告。事实显示，原告按照《海牙送达公约》规定的方式，试图将文书送达北京某一地址，当时在场的人明确表示没有代表自然人被告二和公司被告接受相关文书的权限，并明确拒绝文书的送达。在此之后，原告也并没有证明其再次向公司被告和另外一名自然人被告进行了有效送达。因此，原告未对公司被告和另外一名自然人被告进行有效送达。

②无管辖权。

首先，纽约州法院对本案三位被告均不具有一般属人管辖权。根据《纽约州民事诉讼规则》（CPLR）第 301 条的规定，法院对于居住于纽约州的居民，或者可视为居住于纽约州的居民，注册于纽约州的公司或者可视为注册于纽约州的公司具有一般属人管辖权。而本案中，原告并没有提出证据证明三位被告已居住或者注册于纽约州，亦没有证明三位被告与纽约州存在持续、实质、大量的联系以至于可以构成纽约州的居民或者公司。因此，法院对本案三位被告不具有一般属人管辖权。

其次，纽约州法院对名誉侵权行为不具有长臂管辖。根据纽约州相关法律的规定，尽管纽约州法院对在纽约州境内进行侵权行为的任何人具有长臂管辖，但是法律也明确排除了具有名誉权侵权性质的行为。尽管本案原告企图将本案所涉行为归为一般的侵权行为，但从实质上讲，本案争议行为即属于名誉权侵权行为。因此，法院对本案争议的侵权行为不具有长臂管辖。

最后，纽约州法院对本案中的公司被告不具有特殊属人管辖权。根据纽约州相关法律的规定，对于公司被告来说，如果原告能够证明公司被告与纽约州存在商业交易往来，且该商业交易往来行为与被指控的侵权行为具有实质性联系，则纽约州法院对该被告具有特殊属人管辖权。但是，在本案中，原告未能证明公司被告与纽约州建立了商业交易：（1）公司被告在纽约州没有雇员或者办公室。（2）其运营的网站亦未构成与纽约州的商业交易。根据搜索，该网站没有纽约州的注册用户，而对于非注册用户而言，其只能浏览网页上的信息。因此，运营网站本身不构成与纽约州的商业交易。（3）仅NASDAQ 上市不构成与纽约州的商业交易，纽约州法院判例亦显示如此。此外，即使 CFOC 与纽约州存在商业交易往来，原告也没有证明该商业交易与本案所争议的侵权行为有任何实质性联系。

③不方便法院。

依据不方便法院原则，本案起诉应被驳回。本案事实显示，本案争议所涉事实均发生在中国内地，且相关当事人也在内地或者香港特区，本案被告均不是美国纽约州居民，因此，在美国法院审理本案将给法院和被告带来显著负担。此外，内地或者香港特区均可能成为本案适当的审理地，且本案涉及内地以及香港特区的实质利益。

（3）提交内容充实和形式合法的证据。

为了增加驳回起诉申请书的说服力，我们对被告的相关人员进行了详细访谈，掌握了与上述驳回起诉申请书核心理由相关的细节，并由相关证人以证人证言的形式呈现。

首先，由当时起诉状的签收人出具证人证言，陈述当时签收起诉状的过程，作为送达无效的证据。证人通过证人证言陈述说明虽然当时北京高院现场出示三套起诉状，但是他本人向北京高院工作人员指出地址并不是该公司的地址，且无权签署其中送达给公司的起诉状以及送达给另外一名自然人的起诉状，无法代表他们接受送达。因此，其拒绝签收这两套文件的送达回证，亦拒绝保管这两套文件。后来，法院工作人员带着送达给该公司和另外一名自然人被告的两套文件离开了签收人的办公室。

其次，由公司 IT 部门人员出具证人证言，陈述公司网站用户情况，作为属人管辖权抗辩的证据之一。证人通过证人证言陈述说明当时非注册用户只能浏览该公司网站上的信息。除了浏览信息外，以其他方式使用网站均需要成为注册用户。公司保留有该网站注册用户信息数据库。在注册用户信息数据库中，电话号码是能够识别用户身份的信息。公司工厂部门人员对公司的整个注册用户数据库的所有电话号码进行了电脑搜索，在数据库中并未发现任何美国的电话号码。

最后，由涉案文章的编辑出具证人证言，陈述说明其深谙文章的编辑过程以及文章的受众等，作为属人管辖权的抗辩证据之一。证人通过证人证言陈述说明编辑发表该文章时并未通过电话、电子邮件或其他方式与纽约州的任何人联系，媒体团队在为网站编辑涉及国民技术公司、前海旗隆公司、北京旗隆公司的任何文章（含涉案文章）时并未联系纽约州的任何人。这两篇文章以中文发表。该金融媒体公司从未将这两篇文章翻译为英文。即使这两篇文章在该金融媒体公司网站上可供公众阅读，该金融媒体公司也从未采取行动意图使纽约州能够阅读到这两篇文章。

此外，我们也由已受送达的自然人被告出具证人证言，说明其与美国纽约州的联系情况，作为属人管辖权的抗辩证据之一。

总之，通过深入调研，得以通过文件证据和证人证言比较清晰地呈现“被告在本案相关业务上与纽约州缺乏必要关联度”这一管辖权核心问题，并通过证人证言予以呈现。

根据纽约州当地的民事诉讼规则，相关证人证言如果不是用英文制作的，则需要有资质的人员进行翻译，并由翻译出具宣誓书，对其资格和翻译准确性负责。对此，我们严格按照纽约州当地的民事诉讼规则完成了这一工作，确保了证据形式的合法性。

（4）有意涉及部分实体问题。

在驳回起诉申请书和证人证言中，我们还有意地描述了部分与实体抗辩有关的有利事实（虽不属驳回起诉申请的法定理由和必备内容），让原告意识到本案在程序和实体上将面临巨大挑战。

由于案件主要涉及两篇涉案文章，我们通过访谈了解到这两篇文章的内容几乎全部转载于相关来源的信息，即上述其他中国实体发布的文章。这两篇文章并未添加任何原始材料以外的事实或意见，而原始材料又包括来自中国认可的媒体来源——证券时报网的材料。于是，我们请证人标识出文章不同段落所有内容的来源并向法庭呈现。

4. 案件意义与启示

本案具有以下重要意义：

首先，我们短时间内帮被告成功化解一场在美国提起的5亿美元巨额跨境诉讼，把诉讼对被告经营管理的负面影响降到最低。

其次，本案涉及中国著名投资人企图通过美国司法体系阻碍中国媒体对上市公司重大消息的报道，一旦诉讼成功，可能会影响国内媒体对上市公司报道的自由度和股市信息的透明度。因此，在短时间内迫使原告撤诉也化解了由此可能带来的潜在负面影响。

最后，此案更是一名受中国检察院批捕的人士企图通过美国司法体制进行反制的典型案例，成功地终止本诉讼某种程度上也维护了中国司法的权威性。

在中美经贸摩擦的大背景下，原告企图搞“阴谋论”。这一策略加上美国州法院原有的可能对中国媒体和中国司法已存在的偏见，加大了本案的诉讼风险。

本案带来的启发是，如果在案件应诉的第一步把工作做细做足，提出足够充分的理由，让对方感受到压力，就有可能实现以最小代价快速结束一场本来可能十分“昂贵”的跨国诉讼。此外，本案中所涉及的属人管辖权、送达和不方便管辖三大程序问题往往是一场跨国诉讼应诉的重要切入点，需要予以重视。

第三节　业务畅享

回顾金诚同达国际贸易团队过去的服务经历，我们有幸参与了许多具有挑战性和影响力的国际贸易争端解决案例。在这本案例集中，我们分享了几篇关于国际贸易争端解决的文章，涵盖了WTO争端解决机制、涉外仲裁与诉讼以及国际产品质量责任等多个方面。通过对这些案例的分析，我们希望能为读者提供一些在国际贸易领域前线的实践经验和智慧。

作为专长国际贸易争端解决、最早专注于跨境争议解决领域并与其他法域律师在境外争议解决地点共同代表客户的团队之一，我们也是少数同时在跨境诉讼、国际商事仲裁、国际投资仲裁、WTO 争端以及跨境政府调查领域中具有代表政府和公司经验的团队。

作为这个领域的实践者和先行者，我们在大量的案例中展现出了严谨的法律功底和敏锐的洞察力。在处理各类案件时，我们不仅深入研究中国法规、国际条约和其他各国相关法律法规，还关注国际贸易动态，了解行业趋势，对于相关案件事实，我们更是全力以赴进行全面调查和深入挖掘。

在处理国际贸易争端解决案件时，沟通与协调能力至关重要。我们经常需要与多个国家和地区的律师和专家等进行合作，以确保案件的顺利进行。在这个过程中，我们需要积极与各方沟通、协调，共同为客户争取最佳的利益。因此，具备良好的沟通和协调能力对国际贸易律师而言至关重要。

此外，客户评价也是我们工作中不可忽视的一环。我们需要倾听客户的声音，了解他们的需求，确保我们的服务能够满足他们的期望。在这些案例中，我们收到了许多客户的好评，这让我们深感荣幸。正是因为有这些客户的支持和信任，我们才能在国际贸易争端解决领域取得如此优异的成绩。

在未来的工作中，笔者团队还将继续努力，为客户提供高质量的法律服务。随着全球经济一体化的不断深入，国际贸易争端解决的重要性日益凸显。我们相信，在我们的共同努力下，我们将为客户在国际贸易争端解决领域创造更多的价值和成功。

面对新时代复杂多变的国际环境，有新的挑战，也有新的机遇，我们认为国际争端解决律师应当在未来重点关注以下几个方面：

第一，持续关注国际贸易法律法规的变化：随着全球贸易格局的调整，国际贸易法律法规也将不断演变。我们需要紧密关注这些变化，以便为客户提供最新、最准确的法律建议。

第二，深入理解国际贸易领域的新技术和新业态：数字化、智能化等新技术的发展将对国际贸易产生深刻影响。我们需要深入了解这些新技术和新业态，以便为客户提供更具前瞻性的法律服务。

第三，提升多元化解决纠纷的能力：除了传统的 WTO 争端解决机制、跨境诉讼和国际仲裁，我们还需要关注调解以及和解等多种方式来解决国际贸易纠纷，为客户提供更为全面的解决方案。

第四，进一步加强跨国和跨领域团队协作：在全球化背景下，越来越多的国际贸易争端涉及多个国家和地区。我们将进一步加强与其他法域律师和不同领域的专家等的合作，以更有效地解决国际贸易争端。

第七章　境外建设项目

第一节　业务内容介绍

境外投资业务是国际贸易法律服务的重要业务之一。随着贸易保护主义的再度兴起，中国企业受到世界各国日益泛滥的国际贸易救济措施的影响，尤其是部分优势领域的中国企业不得不面对他国对同一产业产品连锁反应式的反倾销、反补贴和保障措施调查，出口变得举步维艰，境外建设项目重要性日益凸显。

境外投资律师主要处理的事务包括协助企业应对来自外国政府的贸易救济及贸易壁垒调查，为企业在全球范围内进行产业类投资和并购、兴建海外产能等提供专业的法律服务。

境外投资律师不仅需要具备精湛的专业技能和丰富的实践经验，还需要系统性把握中国制造业企业的需求及在对外贸易中面临的困难，及时响应，提供行之有效的个性化法律解决方案。

第二节　案例分析

制造业企业在境外设厂项目案例

从贸易到投资，是制造业企业全球化的必经之路。经过几十年的发展，我国的制造业企业已经从最初的加工贸易发展到拥有大量自主知识产权，从完全依赖境外经销商发展到拥有自己的境外销售公司。近年来，越来越多的中国企业到其主要市场投资设厂，将本土的生产能力扩展到全球，实现资源的最优配置，逐步成长为跨国公司。在此过程中，金诚同达有幸代表多家中国制造业企业在南美、中东、东南亚等多地设立工厂。本部分选取某制造业企业在南美设立生产基地的案例，介绍中国企业境外设厂过程中面临的主要法律风险和问题，并对相关的意义和启示进行总结。

（一）案情简介

涉案企业（以下简称该企业）为行业龙头企业，受美国反倾销和反补贴措施的影响，其对美出口的部分产品税费成本大幅增加。为了解决这一问题，该企业计划将受影响的产品转移到南美某国进行生产，为此计划在南美某国相关产业的工业园设立大型生产基地，用于建设生产受影响产品的工厂，并引入部分上游产业打造本地化的供应链。为此，该企业到当地进行了考察，初步选定位于某工业园区内的成片土地，也与当地州政府进行了沟通，受到欢迎和支持，企业初步判断项目可行，之后引入法律、技术等相关顾问，具体推进设厂工作。

在法律工作开展初期，该企业最关注的是尽快在目标国设立实体，以便尽快签署购地合同。金诚同达在介入项目之后，迅速对影响项目可行性的前提性法律问题、对项目推进时间表有重大影响的法律问题进行了梳理，协助该企业编制了项目整体工作时间表。经过律师的梳理，该企业了解到：第一，目标国对于设立公司在设立文件方面有很多公证和双认证要求，因此设立公司需要花费数月时间；第二，本地化生产是否能够满足相关法律下原产地的要求从而实现避免缴纳惩罚性关税的商业目的，是一个需要分析的前置性法律问题；第三，目标国的环保要求很高，联邦制下又可能涉及多级环保审批，虽然前期沟通中拟建工厂所在地的州政府表示会在环评方面提供支持，但是如果涉及联邦审批，州政府并无权决定给予任何豁免，而环评通常需要花费很长时间，因此法律对项目的环评要求也需要作为前置性考虑的事项；第四，目标国引入外国劳工的相关法律对于建厂计划有限制和影响，建厂拟用土地在购地之前需要进行尽职调查，以及州政府口头承诺的优惠政策只有签署协议才能落地。考虑到前述问题，金诚同达向该企业建议，先分析前置性法律问题，同步推进当地公司实体设立的工作，同时开展工厂拟建设用地的尽职调查、土地购买合同谈判、州政府投资优惠政策协议的谈判，以及工厂建设方案和环评审批的准备等工作。

下文将对前述工作过程中遇到的主要法律风险问题进行介绍，并对相关的意义和启示进行总结。

（二）实务要点解析

1. 原产地规则和反规避问题

该企业在南美某国设厂的主要目的是让相关产品获得原产自该国的认证，从而消除美国反倾销和反补贴措施的影响。该企业虽对此问题高度重视，但一开始主要关注的是规则的文本。在本案例中，适用的原产地规则是投资目标国和美国都参与的一个国际协定。协定下的原产地规则本身是比较复杂的，包括一般规则和适用于特定产品的特殊规则。根据特殊规则，相关产品适用“区域价值成分”标准，单凭关税税则号转变不能认定原产地。适用区域价值成分标准，需要按照交易价值法或净成本法计算区域价值成分在交易价值或者净成本中所占的比例，在计算中还可能被要求追溯相关产品的非原产地原材料价值，因此涉及非常具体的价值认定和计算。虽然根据相关协定，原产地由企业自主认证，即由出口商或进口商出具原产地证明，但是进口国海关部门有权对进口产品的原产地进行验证，视具体情况可以要求提供信息或现场核查。

本案例中，该企业需要解决两个方面的法律问题：一是该企业准备在南美某国生产的特殊产品是否适用相关协定下的特殊规则；二是如果适用特殊规则，该企业准备在本地生产的部分是否达到区域价值成分标准下的区域产地成分比例。由于美国是该企业主要的出口市场，相关问题主要由美国海关认定，相关问题除涉及相关协定之外，还涉及美国法，本质上还需要在美国法律下进行分析，并且寻求美国海关的意见。因此，除了相关协定下的原产地规则，美国的反规避法律也是问题分析的重点。美国的反规避法律没有成文规则，全部是判例法，需要根据个案具体分析相关产品是否满足实质性改变标准，因此必须在专业律师指导下进行具体分析。本案例中我们组织美国律师帮助企业进行了相关分析，并寻求了美国海关的意见，从而帮助企业明确了原产地认定问题，确保投资的目的可以实现。

2. 外籍劳工限制

该企业在目标国建设工厂，在工程建设阶段需要大量有经验的建筑工人，在工厂运营阶段也需要相当数量熟练的技术工人，按照企业的计划，这些工人都需要从中国引进。但是，目标国的法律倾向于促进本地就业和保护本国劳动者，对于引入外国劳工有严格的条件和比例限制。按照目标国相关法律的规定，只有雇用一定数量的本国劳动者，才能引进1名境外劳工，并且只有在本地没有具备相同技术能力的劳动者的条件下，才能引进境外劳工。实践中，项目所在州存在比较严峻的失业问题，州政府期待该企业能创造就业，对于引入外国劳工在政策上并不支持。了解相关法律规定和政策后，该企业与州政府进行了沟通，州政府同意协助企业暂时性地引入部分建筑技术人员，并在引入熟练技术工人方面为企业提供支持和帮助，企业也相应调整了用工的相关计划。

3. 环境影响评估问题

该企业的投资目标国非常重视环境保护，工厂的建设、生产和运营各个环节需要严格遵守相关的环保法律规定，特别是投资者只有完成环境影响评估才能开始工厂建设。该目标国是联邦制国家，环境影响评估工作分属于市政府、州政府和联邦政府三级政府管理，具体由哪个级别的政府管理，取决于环境影响的范围和程度。由于环境影响评价涉及法律、技术、社会影响等方面，且受到行政主管机构办事效率的影响，一般耗时较长，对投资规划时间表的影响较大。如果涉及联邦级别的审批，可能耗时超过1年。此外，环评过程中，为了满足环评标准，该企业可能需要对工厂的设计、工艺进行调整，因此环评也很可能会影响投资方案和预算。

虽然有些州或者市政府为了招商引资可能会口头承诺投资者豁免环评的要求（本案例中的州政府就作出了口头承诺），但是实际上该国法律并不允许此类豁免，并且如果项目需要向联邦政府申请环评，州政府无论如何也无权给予豁免。事实上，该目标国有明确的法律程序让该企业可以逐步确认环评要求，从而完成相关审批手续。该企业可以向市政府报送投资方案，由政府来确定环评程序由哪个级别的政府主管，且这个程序对投资方案的详细程度的要求并不高，只需要包括对投资项目和项目主要环境影响因素的描述，大概 1 个月就可以完成。通过这个法定的确认程序，该企业可以在投资初期就基本确定环评的程序和需要花费的时间。

此外，本案例中还有一个特别的情况，就是该企业选定的目标地块位于工业园区内部。工业园区在设立的时候已经进行了园区的环评，其可以作为该企业环评工作的基础，工业园区可以向该企业提供基础环评的相关资料和数据，上述向政府部门报送方案的程序，工业园区也可以协助完成，这会使该企业省时省力。相关的协助工作在购地过程中就需要与工业园区做好沟通。

4. 土地权属和规划问题

本案例中该企业选定的是位于工业园区内的成片土地（以下简称为目标地块），经过现场考察，该企业对于目标地块的位置、面积和形状很满意，但是由于目标地块缺少相关基础设施配套，该企业对基础设施提出了一系列的要求。工业园区要求该企业签署一份购地意向书，其中包括要求该企业支付一定比例的定金，并承诺一定时间内签署购地协议，否则工业园就要扣除定金。我们审阅后提示该企业，他们还没有对目标地块进行尽职调查，是否购地需要与尽职调查结果挂钩，结果满意才能购地；购地协议中也需要工业园区对土地现状和基础设施配套做出一系列的陈述保证和承诺，这些预计是谈判的重点，双方能够就购地协议达成协议才能签署，不能在意向阶段就承诺一定会购地。经过与工业园区的谈判，我们帮助该企业争取到尽调的权利，且最终是否购地与尽调结果和购地协议谈判挂钩。考虑到该企业对于购地有了相当的灵活性，我们说服工业园区抓紧时间配合该企业完成尽调以及谈判购地合同，最终工业园区放弃了要求该企业支付定金的条件，只就双方原则性同意的商业条款签署了购地意向书。

在法律尽职调查过程中，律师团队发现，虽然工业园区土地的产权登记在工业园区运营公司名下，目标地块也位于工业园区土地范围内，但是目标地块并没有独立的产权可以转让给该企业。工业园区运营公司要想将目标地块转让给该企业，需要先向政府主管部门申请规划分区。而由于土地分跨两个行政区，需要分别申请。要完成规划分区并完成目标地块的产权登记，至少要花费 3 个月时间，这对于该企业的建厂时间表有很大的影响。

经过律师团队在尽职调查中与工业园区运营公司的反复澄清核实，目标地块没有完成规划分区的根本原因是，该工业园区是分期开发的，目标地块毗邻的区域已经完成了开发，但是目标地块所属区域实际却还没有开发，因此工业园区只有先完成区域开发才能将目标地块转让给该企业。为了确保该企业购得目标地块产权，律师团队建议将工业园区运营公司完成目标地块所属区域的开发并获得相关许可，以及目标地块完成规划分区和土地产权登记作为该企业支付首笔购地款的先决条件，在购地协议中加以明确。

5. 投资优惠政策落地问题

东道国特别是地方政府，为了招商引资、促进就业等，一般会为具备一定规模的投资提供优惠或支持政策，比如税收减免、土地赠与、资金奖励，办理政府许可方面的支持，根据政策所要达成的目标的不同，政府部门会有不同的关注点和要求。本案例中，州政府有负责招商和促进就业的两个部门为外国投资者提供优惠和支持政策，包括土地赠与和资金奖励。该企业在考察期间，州政府就与其签署了意向书，就该企业的投资规模和州政府能够提供的资金奖励金额和土地赠与面积进行了意向性的约定。律师团队在此基础上协助该企业与州政府主管部门谈判优惠政策支持协议。

首先，此类协议从谈判、签署到批准都比较耗时，这主要是因为双方需要对投资承诺和对应优惠措施进行详细的谈判，以及州政府需要把相关优惠政策纳入预算，因此是在每个月固定的时间段批准优惠政策协议，这就导致协议要经过数月才能真正签署，而赠地和资金奖励都是只有签署了协议才能落地。由于购地并不需要花费同样长的时间，优惠政策协议谈判和签署的时间对项目实施时间表有较大影响。

其次，此类协议下的优惠政策是与该企业的投资承诺、承诺的实现紧密联系的。资金奖励的金额、土地赠与面积，都与该企业承诺的出资金额、购地面积、雇员人数等投资关键指标相联系。而且，州政府对于该企业完成这些关键指标是有监督的，该企业需要向州政府承诺完成关键指标的时间，最长是2年，并按月、按季度、按年向州政府报送关键指标的完成情况。州政府每年都会进行考核，如果没有完成关键指标，州政府可以根据相关法律规定对该企业进行处罚，根据不达标的严重程度予以处罚，包括罚款、收回资金奖励、收回赠地等。本案例中，不同的政府部门关注点是不同的。招商部门关注的主要是投资额，关于哪些投资计入、哪些不计入、如何证明进行了投资、按什么程序提交相关证明材料等，都由部门自行掌握。对此，该企业需要与招商部门详细沟通。促进就业部门关注的是本地雇用人员数量，同样，如何证明完成了雇员指标，聘用合同期限、员工离职带来的人数波动如何考核等问题，也由部门自行掌握，投资者需要与促进就业部门具体协商。

（三）案件意义与启示

中国制造业企业对于设立工厂工作本身通常有丰富的经验，境外设厂工作的主要困难在于企业对于境外经济、政治和法律环境的不熟悉。中国企业在国内设厂的经验可以指导境外设厂工作，但不能简单类比境内和境外的法律环境，而需要在专业律师的统筹、指导和帮助下，排查法律风险，形成应对方案，从而有序推进投资，提高效率和降低风险。

1. 要特别重视影响投资目的实现的法律问题

本案例中，该企业准备在南美某国生产的产品是否符合该国原产地规则，是决定企业投资目的能否实现的关键性问题。虽然本案例中的目标国可以适用美国也参与其中的相关协定，相关协定下有成文的原产地规则，但是并不能只简单基于文本作出判断，因为原产地最终的认定权属于进口国海关，也就是美国海关。美国海关除了可以对协定文本的适用做出判断外，对于实际背后是中国企业生产的产品可能还会更加关注，尽管按照相关协定产品只需要满足税则号转变规则，但也可能受限于美国的反规避规则。因此，在企业进行分析时，不可以简单依赖协定文本，需要聘请专业律师协助分析，并从美国海关处获得裁定，以获得确定性。

2. 尽早排查境外国家或地区对投资的法律限制或障碍

中国企业在境外设厂工作的初期就需要根据拟定的投资方案，对于可能对投资方案有影响或构成限制的当地法律规定进行梳理，分析相关的影响。此类法律主要是劳动、税务、材料管制、环境保护等与工厂建设及运营有关的强制性法律规定。为了对相关法律规定形成系统性的了解，避免遗漏重大风险问题，建议企业基于自己的投资方案进行有针对性的法律环境调查，在专业律师的协助下，识别投资方案可能涉及哪些强制性法律规定，由律师对这些强制性法律规定进行系统性介绍，分析相关影响，与企业讨论后形成应对方案。在此基础上，根据当地实际情况，与地方政府进行沟通，争取获得政策上的支持和帮助。

3. 需要重视环境影响评估

中国企业境外建厂涉及若干许可，一般而言，环评许可是最耗时也是不确定性最大的。鉴于环评工作的重要性，投资人有必要从投资之初就了解东道国环境影响评估的相关法律和标准，在投资方案基本确定后尽早开展环评工作。需要注意的是，环评工作需要严格根据法律规定的程序完成，不能简单依赖政府部门非正式的意见。本案例中，尽管当地投资促进部门口头告诉该企业可以豁免环评要求，没有完成环评也可以开工。但实际上根据当地法律的要求，工厂开工之前必须获得环评许可，政府部门并没有权力给予豁免，特别是考虑到州政府每 3 年进行一次换届选举，简单依赖现政府的口头承诺可能会在未来形成法律风险和隐患。因此，我们推荐的做法是从项目一开始就重视环评工作，按照法定的程序推进工作。考虑到环评工作的专业性，建议在专业的环评技术顾问和法律顾问的协助下进行相关工作。

4. 注意意向协议是否具有约束力

实践中企业往往认为叫作“意向书”的法律文件是没有法律约束力的。但实际上法律合同的约束力并不取决于它的名称，而取决于它的内容。本案例中的工业园区提供的第一版购地意向书虽然也叫作意向书，但是其中包括了对土地的描述、明确的价格和购地方明确的购地承诺，已经满足了合同的要件，购地方必须按照合同约定购地，否则会被扣定金。因此，企业需要在专业律师的协助下审阅意向书的内容，以判断它的约束力。总体而言，不建议在项目初期签署锁定投资者购地义务的协议，投资者需要充分考虑未知因素的影响，预留退出的权利。

5. 法律尽职调查必不可少

境外投资设厂最重要的工作之一就是选址。在选址过程中，投资者一般主要考虑商业和技术因素确定意向地块，而在确定意向地块之后，法律尽职调查工作是必不可少的。法律尽职调查工作围绕土地权属和用地限制等问题展开，这些问题是无法通过实地踏勘了解的。比如在本案例中，实地踏勘过程中，该企业看到的是目标地块位于工业园区内，工业园区也已经在运营过程中。但是有一些入园企业，如果没有经过法律尽职调查，很难发现相关区域还没有完成开发工作，没有开发许可，也没有独立产权，按照当地法律不能出售或出租。如果按照工业园区的要求，该企业支付购地款不以土地产权转让登记为条件，会导致该企业在支付购地款后相当长的一段时间内并不持有土地产权，产权的不确定性本身就是很大的法律风险，且还会导致该企业无法按照当地投资优惠政策获得赠地、无法利用土地正常进行融资等。因此，完成必要的法律尽职调查对于保护投资者的基本合法权益是至关重要的。一旦完成购地开始实施投资，投资者的损失就不仅仅是购地款，而是远远超过购地款，此时再发现土地存在影响投资的重大法律问题，追究售地方的法律责任，不仅是困难的，也可能是不现实的。因此，投资者有必要通过尽量详尽的法律尽职调查来避免和降低相关风险。

6. 投资优惠政策落地需要签署协议并满足条件

东道国政府通常根据相关法律规定向投资者提供投资优惠和支持，特别是土地赠与或资金奖励等直接的投资鼓励，是需要计入东道国政府预算的。因此，无论东道国政府向投资者做出何种口头承诺，投资优惠政策都需要通过签署协议才能落地执行。既然是签署协议，投资鼓励就不是无偿的，作为对价，投资者需要提供相应的投资承诺，投资协议下会有投资承诺的考核机制，如果没有通过考核，投资者需要承担相应的责任。因此投资者在做出投资承诺时需要量力而为，根据实际情况做出承诺，同时在协议中争取一些灵活的机制，以应对投资过程中因发生突发情况而导致没有完成承诺的情况。需要注意的是，在实现投资目标这个问题上，投资者与东道国政府的目的是一致的，因此投资优惠政策的目的是正向的鼓励而不是反向的惩罚，因此在考核执行方面通常可以争取一些缓释措施，例如宽限期。但由于优惠政策是使用公共财政资金，当地政府需要向选民负责，当地政府很难放弃惩罚措施，如果经过补救，投资者还是没有完成投资承诺，则其会被处以罚款，或者被要求全部或部分返还所获得的优惠。此外还需要特别注意的是，优惠政策协议的签署需要经过公共程序，因此一般耗时较长，且难以控制，相关谈判工作需要尽早开展。

境外投资设厂涉及复杂和多面的法律问题，只有统筹安排、有的放矢，有组织、有计划地同步推进多个工作流，才能在投资过程中发现前期遗漏掉的重大法律问题，避免其严重影响项目的时间表，甚至导致项目不可行，或者在投资完成后才发现在投资过程中就应该注意到的重大法律风险，造成严重的投资损失。在专业律师的指导下，系统性地识别和发现法律风险，合理解决问题，有助于投资的顺利推进和降低投资损失的风险。

第三节　业务畅享

我国已是世界货物贸易第一大国，在进一步发展的过程中，通过对外投资实现对全球生产要素的优化配置将成为大量制造业企业的必然选择。近年来，逆全球化的兴起加剧了对外贸易面临的风险和不确定性，外部环境的变化、各国推动本土化政策的不断出台，以及客户本地化供应的需求等，也将进一步促使我国制造业企业将全球化产业布局纳入考量。在具体操作过程中，企业需要根据自身情况确定境外投资设厂所需要实现的商业目的，并特别关注是否存在阻碍目的实现的法律或政策障碍，在前期阶段做好风险评估，选择合适的投资路径和方式。在上述案例中，原产地规则是对企业能否实现商业目的有决定性影响的因素，当地环保、劳动用工等法律法规也可能构成对投资的限制或障碍，需要尽早进行梳理排查，分析影响，制订解决方案。此外，各类与项目用地、优惠政策等相关的安排，也会影响项目的可行性和收益率。在这一过程中，优秀的律师团队除了能为企业提供境外投资法律服务外，还有能力基于对其他相关法律的理解，帮助企业将贸易及其他相关法律法规纳入考虑范围，优化投资方案，与相关方谈判交易文件，争取到更有利的投资条件。